Karl Riesenhuber (Hrsg.)

Entwicklungen nicht-legislatorischer Rechtsangleichung im Europäischen Privatrecht

Praxishefte
zum
Europäischen Privatrecht

Heft 3

W DE G RECHT

De Gruyter Recht · Berlin

Entwicklungen nicht-legislatorischer Rechtsangleichung im Europäischen Privatrecht

Karl Riesenhuber (Hrsg.)

De Gruyter Recht · Berlin

∞ Gedruckt auf säurefreiem Papier,
das die US-ANSI-Norm über Haltbarkeit erfüllt.

ISBN 978-3-89949-499-0

Bibliografische Information der Deutschen Nationalbibliothek

Die Deutsche Nationalbibliothek verzeichnet diese Publikation in der Deutschen Nationalbibliografie; detaillierte bibliografische Daten sind im Internet über http://dnb.d-nb.de abrufbar.

Printed in Germany
Satz: DTP Johanna Boy, Brennberg
Druck und buchbinderische Verarbeitung: AZ Druck und Datentechnik GmbH, Kempten

Inhaltsübersicht

Per Knopfdruck nach Europa und per Mausklick zum Europäischen Vertragsrecht für Verbraucher? – Zwischenbilanz zum Europäischen Vertragsrecht

Jürgen Schmidt-Räntsch

Übersicht

Mit der Verabschiedung der Kaufrechtsrichtlinie[1] im Jahre 1999 wurde einem beachtlichen Teil der Zivilrechtler in Deutschland, aber auch anderen Mitgliedstaaten der EU, erstmals bewusst, dass die Europäische Union nicht nur Regelungen in der Peripherie[2] des Vertragsrechts oder auf besonderen Gebieten treffen kann, sondern auch im Herzen des Vertrags- und Leistungsstörungsrechts der Mitgliedsstaaten. Sie war zwar nicht die erste EU-Richtlinie in diesem Bereich des „harten Zivilrechts", befasst sich aber mit dessen rechtstheoretisch und praktisch bedeutsamsten Ausschnitt. Deshalb war sie auch der Auslöser für den Aktionsplan der EU-Kommission für ein kohärentes Europäisches Vertragsrecht und die in seiner Folge geführte und bislang nicht abgeschlossene Diskussion um seine Zukunft. Im Folgenden soll eine Zwischenbilanz gezogen und ein Ausblick gewagt werden.

I. Entwicklung des Gemeinschafts-Zivilrechts

1. Begriff des Europäischen Zivilrechts

In der Diskussion wird, worauf *Hirsch* aufmerksam gemacht hat,[3] oft vereinfachend von Europäischem Zivilrecht gesprochen. Angesprochen werden dabei die EU-Richtlinien auf dem Gebiet des Zivilrechts, das zivilrechtswirksame EU-Primärrecht und die aus beidem ableitbaren allgemeinen Rechtsgrundsätze.[4] So verstanden, entspricht Europäisches Zivilrecht weitgehend dem Gemeinschaftsprivatrecht.[5] In einem weiteren Sinne ist Europäisches Zivilrecht das gelebte Zivilrecht in der EU. Es setzt sich zusammen aus dem Zivilrecht der Mitgliedstaaten der EU und dem dieses durchdringenden und überwölbenden Gemeinschaftsprivatrecht. Um die Beziehung zwischen dem Gemeinschaftsprivatrecht auf der einen

---

[1] Richtlinie 1999/44/EG des Europäischen Parlaments und des Rats vom 25.5.1999 zu bestimmten Aspekten des Verbrauchsgüterkaufs und der Garantien für Verbrauchsgüter, ABl. 1999 L 171/12.

[2] Vgl. *Grundmann,* European Contract Law(s) of What Colour?, ERCL 2005, 184, 193: „Von den Rändern her".

[3] *Hirsch,* Erwartungen der gerichtlichen Praxis an einen Gemeinsamen Referenzrahmen für ein Europäisches Vertragsrecht, ZIP 2007, 937 f.

[4] Etwa *Riesenhuber,* Europäisches Vertragsrecht (2. Aufl. 2006), § 2 Rn. 30 f.

[5] *Müller-Graff,* Privatrecht und Europäisches Gemeinschafsrecht – Gemeinschaftsprivatrecht (1987), S. 27; *Hirsch,* Die Europäisierung des Privatrechts, in: Riesenhuber (Hrsg.), Die Europäisierung des Privatrechts (2006), S. 9.

und dem Zivilrecht der Mitgliedstaaten auf der anderen Seite geht es im vorliegenden Beitrag. Deshalb wird der Begriff des Europäischen Zivilrechts hier in dem beschriebenen weiteren Sinne verstanden.

2. Abgedeckte Bereiche

a) Gesellschaftsrecht

aa) Harmonisierung des nationalen Gesellschaftsrechts

Entgegen einem verbreiteten Eindruck hat sich das Gemeinschaftsrecht bislang keineswegs nur mit Regelungen zum Widerruf oder zu Informationspflichten, also gewissermaßen an der Peripherie des eigentlichen Zivilrechts, befasst. In das Herz des Zivil-, insbesondere des Vertragsrechts ist die Gemeinschaft auch nicht erst mit der Kaufrechtsrichtlinie vorgedrungen. Im Bereich des allgemeinen Handelsrechts ist die Gemeinschaft zwar bislang eher punktuell tätig geworden.[6] Mit den gesellschaftsrechtlichen Richtlinien[7] hat die Gemeinschaft aber nahezu alle wesentlichen

---

[6] *Riehm,* in: Langenbucher (Hrsg.), Europarechtliche Bezüge des Privatrechts, § 4 Rn. 5-9.

[7] Namentlich: Erste Richtlinie 68/151/EWG des Rates vom 9.3.1968 zur Koordinierung der Schutzbestimmungen, die in den Mitgliedstaaten den Gesellschaften im Sinne des Artikels 58 Absatz 2 des Vertrages im Interesse der Gesellschafter sowie Dritter vorgeschrieben sind, um diese Bestimmungen gleichwertig zu gestalten, ABl. 1968 L 65/8; Zweite Richtlinie 77/91/EWG des Rates vom 13.12.1976 zur Koordinierung der Schutzbestimmungen, die in den Mitgliedstaaten den Gesellschaften im Sinne des Artikels 58 Absatz 2 des Vertrages im Interesse der Gesellschafter sowie Dritter für die Gründung der Aktiengesellschaft sowie für die Erhaltung und Änderung ihres Kapitals vorgeschrieben sind, um diese Bestimmungen gleichwertig zu gestalten, ABl. 1977 L 26/1; Dritte Richtlinie 78/855/EWG des Rates vom 9.10.1978 gemäß Artikel 54 Absatz 3 Buchstabe g) des Vertrages betreffend die Verschmelzung von Aktiengesellschaften, ABl. 1978 L 295/36; Vierte Richtlinie 78/660/EWG des Rates vom 25.7.1978 aufgrund von Artikel 54 Absatz 3 Buchstabe g) des Vertrages über den Jahresabschluss von Gesellschaften bestimmter Rechtsformen, ABl. 1978 L 222/11; Sechste Richtlinie 82/891/EWG des Rates vom 17.12.1982 gemäß Artikel 54 Absatz 3 Buchstabe g) des Vertrages betreffend die Spaltung von Aktiengesellschaften, ABl. 1982 L 378/47; Siebente Richtlinie 83/349/EWG des Rates vom 13.6.1983 aufgrund von Artikel 54 Absatz 3 Buchstabe g) des Vertrages über den konsolidierten Abschluss, ABl. 1983 L 193/1; Elfte Richtlinie 89/666/EWG des Rates vom 21.12.1989 über die Offenlegung von Zweigniederlassungen, die in einem Mitgliedstaat von Gesellschaften bestimmter

Fragen des Kapitalgesellschaftsrechts harmonisiert. Die Anforderungen an die Publizität, die Bilanzierung, die Spaltung und Verschmelzung sind gemeinschaftsrechtlich vorgeprägt. Die Anerkennung der Gesellschaften hat der EuGH durch seine Rechtsprechung[8] durchgesetzt.

bb) Schaffung supranationaler Gesellschaftsformen

Die Gemeinschaft ist bei dieser inzwischen weitgehenden Harmonisierung des Gesellschaftsrechts der Mitgliedstaaten nicht stehen geblieben. Sie hat für grenzüberschreitend tätige Unternehmer und Unternehmen neben den weiterhin nutzbaren Gesellschaftsformen des nationalen Rechts der Mitgliedstaaten supranationale Gesellschaftsformen geschaffen. Das war zunächst die EWIV[9], die der oHG vergleichbar, aber nur zur Unterstützung der wirtschaftlichen Ziele ihrer Träger gedacht ist, Art. 3 Abs. 1 EWIV-VO.[10] Im Jahre 2001 konnte das schon seit 30 Jahren diskutierte Vorhaben einer Europäischen Aktiengesellschaft (Societas Europaea – SE) abgeschlossen und, wenn auch kein wirkliches supranationales Alternativmodell[11], so doch immerhin eine supranationale Rechtsform für in

---

Rechtsformen errichtet wurden, die dem Recht eines anderen Staates unterliegen, ABl. 1989 L 395/36; Zwölfte Richtlinie 89/667/EWG des Rates vom 21.12.1989 auf dem Gebiet des Gesellschaftsrechts betreffend Gesellschaften mit beschränkter Haftung mit einem einzigen Gesellschafter, ABl. 1989 L 395/40; Richtlinie 90/434/EWG des Rates vom 23.7.1990 über das gemeinsame Steuersystem für Fusionen, Spaltungen, die Einbringung von Unternehmensteilen und den Austausch von Anteilen, die Gesellschaften verschiedener Mitgliedstaaten betreffen, ABl. 1990 L 225/1; Richtlinie 90/435/EWG des Rates vom 23.7.1990 über das gemeinsame Steuersystem der Mutter- und Tochtergesellschaften verschiedener Mitgliedstaaten, ABl. 1990 L 225/6.

[8] EuGH v. 9.3.1999 – Rs. C-212/97 *Centros Ltd*, Slg. I-1459 Rn. 17 f., 20; EuGH v. 5.11.2002 – Rs. C-208/00 *Überseering BV*, Slg. I-9919 Rn. 59 f., 79, 81; EuGH v. 30.9.2003 – Rs. C-167/01 *Inspire Art Ltd*, Slg. I-10155 Rn 98 ff.; EuGH v. 13.12.2005 – C-411/03 *SEVIC Systems AG*, Slg. I-10805 Rn. 23, 30 f.

[9] Verordnung (EWG) Nr. 2137/85 des Rates vom 25.7.1985 über die Schaffung einer Europäischen wirtschaftlichen Interessenvereinigung (EWIV), ABl. 1985 L 199/1.

[10] *Ganske*, Das Recht der Europäischen wirtschaftlichen Interessenvereinigung (EWIV) (1988), Systematische Darstellung mit Texten und Materialien, S. 28; *Grundmann*, Europäisches Gesellschaftsrecht (2004), Rn. 1074; *Abmeier*, Die Europäische wirtschaftliche Interessenvereinigung und nationales Recht, NJW 1986, 2987, 2989; *Schlüter*, Die EWIV: Modellfall für ein europäisches Gesellschaftsrecht?, EuZW 2002, 589, 591.

[11] *Grundmann*, Systemdenken und Systembildung, in: Riesenhuber (Hrsg.), Handbuch zur Europäischen Methodenlehre (2006), § 10 Rn. 17; *ders.* (Fn. 10), Rn. 1021.

mehreren Mitgliedstaaten tätige Aktiengesellschaften[12] zur Verfügung gestellt werden.[13] Wenig später, im Jahre 2003, folgte die Europäische Genossenschaft (Societas Cooperativa Europaea – SCE), [14] ebenfalls für mehrstaatlich angelegte Unternehmen.[15]

b) Geistiges Eigentum, Handelsvertreterrecht

Eine vergleichbare Entwicklung ergab sich im Recht des geistigen Eigentums. Auch hier wurde das Recht der Mitgliedstaaten in wichtigen Bereichen harmonisiert. Das gilt etwa für den Schutz von Datenbanken[16], den Schutz von biotechnologischen Erfindungen[17], den Schutz von Mustern und Modellen[18], das Folgerecht des Urhebers[19] oder die Anpassung des Rechts des geistigen Eigentums an die Bedürfnisse der Informationsgesellschaft.[20] Aber auch hier entwickelte die Gemeinschaft neben den nationalen Schutzrechten eigenständige supranationale Schutzrechte. Das sind die Gemeinschaftsmarke[21], das Gemeinschaftsgeschmacks-

---

[12] Dazu: *Grundmann* (Fn. 10) Rn. 1022; *Thoma/Leuering,* Die Europäische Aktiengesellschaft – Societas Europaea, NJW 2002, 1449, 1451, 1452; *Lange,* Überlegungen zur Umwandlung einer deutschen in eine Europäische Aktiengesellschaft, EuZW 2003, 301, 302.

[13] Verordnung (EG) Nr. 2157/2001 des Rates vom 8.10.2001 über das Statut der Europäischen Gesellschaft (SE), ABl. 2001 L 294/1.

[14] Verordnung (EG) Nr. 1435/2003 des Rates vom 22.7.2003 über das Statut der Europäischen Genossenschaft (SCE), ABl. 2003 L 207/1.

[15] Dazu *Schulze,* Die Europäische Genossenschaft (SCE), NZG 2004, 792, 793 f.

[16] Richtlinie 96/9/EG des Europäischen Parlaments und des Rates vom 11.3.1996 über den rechtlichen Schutz von Datenbanken, ABl. 1996 L 77/20.

[17] Richtlinie 98/44/EG des Europäischen Parlaments und des Rates vom 6.7.1998 über den rechtlichen Schutz biotechnologischer Erfindungen, ABl. 1998 L 213/13.

[18] Richtlinie 98/71/EG des Europäischen Parlaments und des Rates vom 13.10.1998 über den rechtlichen Schutz von Mustern und Modellen, ABl. 1998 L 289/28.

[19] Richtlinie 2001/84/EG des Europäischen Parlaments und des Rates vom 27.9.2001 über das Folgerecht des Urhebers des Originals eines Kunstwerks, ABl. 2001 L 272/32.

[20] Richtlinie 2001/29/EG des Europäischen Parlaments und des Rates vom 22.5.2001 zur Harmonisierung bestimmter Aspekte des Urheberrechts und der verwandten Schutzrechte in der Informationsgesellschaft, ABl. 2001 L 167/10.

[21] Verordnung (EG) Nr. 40/94 des Rates vom 20.12.1993 über die Gemeinschaftsmarke, ABl. 1994 L 11/1.

muster[22], das Gemeinschaftssortenschutzrecht[23] und das ergänzende Schutzzertifikat für Pflanzenschutzmittel[24].

c) Vertragsschlussrecht

aa) Vertragsschluss

Nicht viel anders verlief die Entwicklung im Vertragsrecht. Dies ist in Deutschland indessen nicht wahrgenommen worden, weil Deutschland in dieser Entwicklungsphase des Gemeinschaftsrechts wesentliche Rechtsakte durch eigene nationale Reformgesetzgebung vorweggenommen hatte und sich teilweise als Schrittmacher der Gemeinschaftsgesetzgebung erwies. So sind die Pauschalreise-Richtlinie[25] nicht unwesentlich durch das deutsche Reisevertragsgesetz vom 4.5.1979[26] und die sog. Klauselrichtlinie[27] in wesentlichen Punkten durch das deutsche AGB-Gesetz vom 9.12.1976[28] beeinflusst. Am Anfang der Entwicklung stand der Schutz des Verbrauchers vor Übereilung bei Vertragsschluss. Dieser wird in den nationalen Kodifikationen der Mitgliedstaaten teilweise durch das Vertragsschlussrecht, durch Formvorschriften und durch das Recht der Anfechtung wegen Irrtums oder Täuschung abgedeckt. Obwohl es danach an sich nahe lag, diese Instrumente für den Verbraucherschutz fruchtbar zu machen, sah die Gemeinschaft hiervon ebenso wie von einer Harmonisierung dieser Vorschriften ab. Zu unterschiedlich erwiesen sich die nationalen Konzepte im Detail. Ein beredtes Beispiel hierfür ist die allgemeine

---

[22] Verordnung (EG) Nr. 6/2002 des Rates vom 12.12.2001 über das Gemeinschaftsgeschmacksmuster, ABl. 2002 L 3/1.

[23] Verordnung (EG) Nr. 2100/94 des Rates vom 27.7.1994 über den gemeinschaftlichen Sortenschutz, ABl. 1994 L 227/1.

[24] Verordnung (EG) Nr. 1610/96 des Europäischen Parlaments und des Rates vom 23.7.1996 über die Schaffung eines ergänzenden Schutzzertifikats für Pflanzenschutzmittel, ABl. 1996 L 198/30.

[25] Richtlinie 90/314/EWG des Europäischen Parlaments und des Rates vom 13.6.1990 über Pauschalreisen, ABl. 1990 L 158/59.

[26] BGBl. I 1979, 509; dazu *Tonner,* in: Grabitz/Hilf, Das Recht der Europäischen Union, Bd. IV, Sekundärrecht, A. 12 Richtlinie 90/314/EWG des Rates über Pauschalreisen, Vorbem., Rn. 8, 10 ff.

[27] Richtlinie 93/13/EWG des Rates vom 5.4.1993 über missbräuchliche Klauseln in Verbraucherverträgen, ABl. 1993 L 95/29.

[28] BGBl. I 1976, 3317, zuletzt i. d. Fassung d. Bek. v. 29.6.2000, BGBl. I 2000, 946; dazu Ulmer/Brandner/Hensen-*Ulmer,* AGB-Recht (10. Aufl. 2006), Einl. Rn. 87 ff.; *Heinrichs,* Die EG-Richtlinie über missbräuchliche Klauseln in Verbraucherverträgen, NJW 1993, 1817.

Fernabsatzrichtlinie,[29] deren Verabschiedung vor allem auch deshalb auf Schwierigkeiten stieß, weil der Entwurf der EU-Kommission[30] dem Vertragsschlussrecht der Mitgliedstaaten in seiner Diktion zu nahe kam.

bb) Widerrufsrechte

Die Gemeinschaft entwickelt vielmehr mit dem Widerrufsrecht ein eigenständiges Instrument zum Schutz der Verbraucher. Dieses Widerrufsrecht erlaubt dem Verbraucher unter bestimmten Voraussetzungen und in einer bestimmten Frist die Lösung von dem übereilten Vertrag. Es führt damit zwar zu ähnlichen Rechtsfolgen wie die klassischen Schutzinstrumente des Vertragsrechts der Mitgliedstaaten, löst sich hiervon aber ab. Die Modalitäten sind in den einschlägigen Richtlinien, der Haustürwiderrufrichtlinie[31], der Teilzeitwohnrechte-Richtlinie[32], der Richtlinie über den Fernabsatz von Finanzdienstleistungen[33], und auch in neueren Richtlinienvorschlägen, nämlich dem in dem zweiten überarbeiteten Vorschlag der EU-Kommission für eine neue Verbraucherkreditrichtlinie vom 7.10.2005[34] und dem Vorschlag für eine neue Teilzeitwohnrechte-Richtlinie vom 7.6.2007[35] immer wieder unterschiedlich geregelt.

---

[29] Richtlinie 97/7/EG des Europäischen Parlaments und des Rates vom 20.5.1997 über den Verbraucherschutz bei Vertragsabschlüssen im Fernabsatz, ABl. 1997 L 144/19.

[30] Vorschlag für eine Richtlinie des Rates über den Verbraucherschutz bei Vertragsabschlüssen im Fernabsatz vom 21.5.1992, ABl. 1992 C 156/14; abgedruckt auch bei *Micklitz/Reich*, Die Fernabsatzrichtlinie im deutschen Recht (1998), S.139.

[31] Richtlinie 87/577/EWG des Rates vom 20.12.1985 betreffend den Verbraucherschutz im Falle von außerhalb von Geschäftsräumen geschlossenen Verträgen, ABl. 1987 L 372/31.

[32] Richtlinie 94/47/EG des Europäischen Parlaments und des Rates vom 26.10.1994 zum Schutz der Erwerber im Hinblick auf bestimmte Aspekte von Verträgen über den Erwerb von Teilzeitnutzungsrechten an Immobilien, ABl. 1994 L 280/82.

[33] Richtlinie 2002/65/EG des Europäischen Parlaments und des Rates vom 23.9.2002 über den Fernabsatz von Finanzdienstleistungen an Verbraucher und zur Änderung der Richtlinie 90/619/EWG des Rates und der Richtlinien 97/7/EG und 98/27/EG, ABl. 2002 L 271/16.

[34] KOM(2005) 483 endg. – 2002/0222 (COD).

[35] KOM(2007) 303 endg. – 2007/0113 (COD), ABl. 2008 C 44/27.

cc) Informationspflichten

Ein Widerrufsrecht nützt dem Verbraucher oft wenig, wenn er nicht über die zu seiner zweckmäßigen Ausübung notwendigen Informationen verfügt. Deshalb hat die Gemeinschaft neben dem Widerrufsrecht als zweites inzwischen traditionelles Instrument des gemeinschaftlichen Verbraucherschutzes Informationspflichten entwickelt. Auch sie überlagern die Schutzinstrumente des nationalen Vertragsrechts. Hier wird ein vergleichbarer Schutz vor allem durch Formvorschriften erreicht. Das greifen die einschlägigen EU-Richtlinien teilweise auf. Zu nennen sind hier die bestehende Verbraucherkreditrichtlinie[36] und die schon erwähnte Teilzeitwohnrechte-Richtlinie. Die Gemeinschaftsrichtlinien entfernen sich hiervon aber vor allem dadurch, dass sie einen bestimmten Inhalt der dem Verbraucher zu erteilenden Informationen vorschreiben. Inhalt und Umfang auch der Informationspflichten sind nicht einheitlich ausgestaltet. Sie variieren von Richtlinie zu Richtlinie. Ihr Umfang ist von Richtlinie zu Richtlinie auch angeschwollen.

d) Inhaltskontrolle

Im Wesentlichen materielles Vertragsrecht regelt die bereits erwähnte Klauselrichtlinie. Die Einordnung der Vorschriften über die Klauselkontrolle war im Vorfeld des Erlasses des Gesetzes zur Modernisierung des Schuldrechts[37] im deutschen Recht umstritten. Die Regelungen über die Einbeziehung von AGB in einen Vertrag ließen und lassen sich nämlich dem Vertragsschlussrecht zuordnen, während die übrigen Vorschriften materielles Schuldrecht sind.[38] Diese Frage stellt sich bei der Klauselrichtlinie selbst nicht, weil sie sich auf die Vorschriften über die Gültigkeit von missbräuchlichen Klauseln, also auf den materiell-schuldrechtlichen Teil der Materie, beschränkt. Ihre Vorschriften schränken die Disponibilität weiter Bereiche des Vertrags- und des allgemeinen Schuldrechts gegenüber Verbrauchern stark ein.[39] Auch hier löst sich das Gemeinschaftsrecht von den klassischen Instrumenten des Vertragrechts der Mitgliedstaaten, die

---

[36] Richtlinie 87/102/EWG des Rates vom 22.12.1986 zur Angleichung der Rechts- und Verwaltungsvorschriften der Mitgliedstaaten über den Verbraucherkredit, ABl. 1987 L 42/48, mehrfach geändert.

[37] Vom 26.11.2001, BGBl. I 2001, 3138.

[38] *Ulmer*, Integration des AGB-Gesetzes in das BGB?, in: Schulze/Schulte-Nölke (Hrsg.), Die Schuldrechtsreform vor dem Hintergrund des Gemeinschaftsrechts (2001), S. 215 ff., 220 f.

[39] Einzelheiten bei *Riesenhuber* (Fn. 4), §§ 22 f.

als Kontrollmechanismen die Nichtigkeit von Klauseln wegen Verstoßes gegen die guten Sitten und die Kontrolle anhand von Treu und Glauben bereithalten. Das neue Instrument der Angemessenheitskontrolle findet allerdings auch im Zivilrecht der Mitgliedstaaten Vorbilder.

e) Leistungsstörungsrecht

aa) Pauschalreiserichtlinie

Auch für das Leistungsstörungsrecht selbst trifft das Gemeinschaftsrecht in einzelnen wichtigen Bereichen zum Teil sehr eingehende Vorgaben. Eine frühe Richtlinie dieser Art ist die schon angesprochene Pauschalreiserichtlinie. Sie ist zwar im deutschen Recht vor allem durch die – verspätet umgesetzte[40] – Pflicht zur Einführung der Kundengeldabsicherung bekannt geworden. Kernstück der Richtlinie sind aber ihre sehr detaillierten Vorgaben für das Leistungsstörungsrecht.[41] Nicht zuletzt wegen dieser Vorgaben befindet sich das Leistungsstörungsrecht des Reisevertrags im BGB schon seit langem auf einem Stand, den das allgemeine Schuldrecht des BGB und das Leistungsstörungsrecht des Kauf- und Werkvertrags erst mit dem Gesetz zur Modernisierung des Schuldrechts zum 1. 1. 2002 erreicht haben. Dieser Stand ist aufgrund der nicht nur für den Verbraucher geltenden (§ 651m BGB) Vorgaben abänderungsfest.

bb) Überweisungsrichtlinie, Verzugsrichtlinie

Das Leistungsstörungsrecht ist auch Thema der Überweisungsrichtlinie. Es geht um Überweisungsverträge.[42] Die Richtlinie zwingt die Mitgliedstaaten zwar nicht dazu, einen allgemeinen Erfüllungsanspruch einzuführen.[43] Sie müssen aber sicherstellen, dass die Überweisung in einer Höchstfrist von fünf Bankarbeitstagen durch die Absenderbank und einem Bankarbeitstag bei der Empfängerbank und ohne Gebührenabzug ausgeführt wird.[44] Geregelt werden auch die Folgen einer Verspätung und gerechtfertigter Abzüge sowie des Verlusts von Überweisungen.[45] Es geht also um die Folgen von

---

[40] Dazu EuGH v. 8.10.1996 – verb. Rs. C-178/94, C-179/94 und C-188 bis 190/94 *Dillenkofer*, Slg. 1996, I-4845 Rn. 20.

[41] Dazu *Riesenhuber* (Fn. 4), § 27 Rn. 771.

[42] Zu der darin liegenden konzeptionellen Änderung: *Schmidt-Räntsch*, Entwurf eines Überweisungsgesetzes, ZIP 1999, 676, 678 f.

[43] *Riesenhuber* (Fn. 4), § 28 Rn. 821, 841.

[44] *Schmidt-Räntsch*, ZIP 1999, 676, 677.

[45] *Riesenhuber* (Fn. 4), § 28 Rn. 822, 824,827; *Schmidt-Räntsch*, ZIP 1999, 676, 677.

Nicht- oder Schlechterfüllung und des Verzugs. Diese Vorgaben zwangen dazu, von den bisherigen Grundsätzen des Überweisungsrechts Abstand zu nehmen.[46] Daran hätte für den Bereich der EU-Überweisungen auch die zunächst erwogene Umsetzung 1 zu 1 im Wege der Verweisung[47] nichts geändert.

Mit speziellen Vorgaben zum Zahlungsverzug befasst sich die Verzugsrichtlinie.[48] Sie bewirkte zwar in Deutschland keine grundlegende Änderung des Leistungsstörungsrechts bei dem Verzug mit fälligen Zahlungen. Denn eine solche Verpflichtung war im BGB von Anfang an vorgesehen (§§ 286, 288 BGB). Aber auch das deutsche Recht musste sich den Richtlinienvorgaben anpassen.[49] Die umstrittene[50] und später auch geänderte 30-Tages-Regelung macht das deutlich.[51]

cc) Kaufrechtsrichtlinie

Regelungen zum Leistungsstörungsrecht mit ganz weit reichenden Wirkungen schreibt schließlich die Kaufrechtsrichtlinie vor. Die beiden strukturell interessanten Regelungen dieser Richtlinie sind Art. 2 Abs. 1 und Art. 5 der Richtlinie. Nach Art. 2 Abs. 1 der Richtlinie ist der Verkäufer verpflichtet, eine mangelfreie Sache zu liefern. Damit macht die Richtlinie die Mangelfreiheit der Sache – abweichend vom früheren deutschen Kaufrecht – zum Gegenstand der Erfüllungspflicht des Verkäufers. Sie folgt damit dem CISG.[52] Gerade damit entzieht sie aber der für

---

46 *Schmidt-Räntsch*, ZIP 1999, 676, 678 f.

47 Dazu: *Schmidt-Räntsch*, Zur Umsetzung der Überweisungsrichtlinie, in: Horn/Schimansky (Hrsg.), Bankrecht (1998), S. 139 ff., 145 f.

48 Richtlinie 2000/35/EG des Europäischen Parlaments und des Rates vom 29.6.2000 zur Bekämpfung des Zahlungsverzugs im Geschäftsverkehr, ABl. 2000 L 200/35.

49 *Riesenhuber* (Fn. 4), § 25; *Schmidt-Kessel*, Die Zahlungsverzugsrichtlinie und ihre Umsetzung, NJW 2001, 97, 98 f.

50 *Dilger*, Schuldnerverzug im Wandel – vom Gesetz zur Beschleunigung fälliger Zahlungen zum Schuldrechtsmodernisierungsgesetz, ZBB 2000, 322, 324; *Kiesel*, Verzug durch Mahnung bei Geldforderungen trotz § 284 Abs. 3 BGB, NJW 2001, 108, 110; *Schmidt-Räntsch*, Zur Zahlungsverzugsrichtlinie der EU, ZfIR 2000, 484, 485.

51 *Heinrichs*, Die EG-Richtlinie zur Bekämpfung von Zahlungsverzug im Geschäftsverkehr und die Reform des Verzugsrechts, in: Schulze/Schulte-Nölke (Hrsg.), Die Schuldrechtsreform vor dem Hintergrund des Gemeinschaftsrechts (2001), S. 81 ff., 86 f.; *Riesenhuber* (Fn. 4), § 25 Rn. 712.

52 *Riesenhuber* (Fn. 4), § 26 Rn. 729; *Staudenmayer*, Die EG-Richtlinie über den Verbrauchsgüterkauf, NJW 1999, 2393, 2394.

das frühere deutsche Kaufrecht wesentlichen Unterscheidung zwischen Sach- und Rechtsmängeln die Grundlage.[53] Das wiederum führte dazu, dass die Kaufrechtsrichtlinie dem deutschen Gesetzgeber Veranlassung gab, das Schuldrecht insgesamt zu modernisieren.[54]

3. „Kritische Masse“ (Staudenmayer)

a) Struktur des Gemeinschaftszivilrechts

aa) Inselcharakter

Mit dieser weit in das nationale Schuldrecht hineinreichenden Harmonisierung gerade auch des Leistungsstörungsrechts hat das Gemeinschaftsrecht eine „Kritische Masse“ erreicht.[55] Kritisch ist die Masse des Gemeinschaftszivilrechts wegen der Struktur seiner Grundlagen. Es beruht nämlich auf dem Prinzip der begrenzten Einzelermächtigung. Die EU hat, anders als der nationale Gesetzgeber der Mitgliedsstaaten, nicht das Recht, besondere Rechtsgebiete „durchzuregeln“, etwa ein umfassendes Zivilgesetzbuch oder ein Strafgesetzbuch zu erlassen oder wenigstens Teilgebiete davon vollständig abzudecken. Die Regelungskompetenzen der EU orientieren sich vielmehr an den Grundfreiheiten, die die Marktbürger nach EGV und EUV genießen. Der europäische Gesetzgeber darf zur Sicherung und Durchsetzung dieser Grundfreiheiten einerseits rechtsgebietsübergreifend Regelungen treffen, andererseits aber nur insoweit, als sich bei der Durchsetzung dieser Freiheiten regelungsbedürftige Probleme ergeben. Um das Beispiel der Zahlungsverzugsrichtlinie herauszugreifen: Der Gesetzgeber der EU darf nicht das allgemeine Leistungsstörungsrecht abstrakt regeln, wie es die nationalen Gesetzgeber der Mitgliedsstaaten dürften. Er darf aber alle Regelungen treffen, die aus seiner Sicht erforderlich sind, um

---

[53] *Däubler-Gmelin,* Die Entscheidung für die so genannte Große Lösung bei der Schuldrechtsreform – Zum Entwurf eines Gesetzes zur Modernisierung des Schuldrechts, NJW 2001, 2281, 2282; *Schmidt-Räntsch,* Gedanken zur Umsetzung der kommenden Kaufrechtsrichtlinie, ZEuP 1999, 294, 298.

[54] *Däubler-Gmelin,* NJW 2001, 2281, 2283.

[55] *Staudenmayer,* EG-Richtlinie 1999/44/EG zur Vereinheitlichung des Kaufgewährleistungsrechts, in: Grundmann/Medicus/Rolland (Hrsg.), Europäisches Kaufgewährleistungsrecht (2000), S. 27, 28 f.; *ders.,* Perspektiven des Europäischen Vertragsrechts, in: Schulze/Schulte-Nölke (Hrsg.), Die Schuldrechtsreform vor dem Hintergrund des Gemeinschaftsrechts (2001), S. 419; *ders.,* Die Mitteilung der Kommission zum Europäischen Vertragsrecht, EuZW 2001, 485, 486.

die Durchsetzung der Dienstleistungsfreiheit bei verzögerter Zahlung zu erreichen. Zu diesem Zweck kann er neben den erforderlichen Vorgaben für das Verzugsrecht auch Vorgaben für das Verfahrensrecht bestimmen. Er hätte theoretisch sogar Vorgaben für das Strafrecht treffen können, wenn sich dies als notwendig erwiesen hätte.[56] Zu einer umfassenden Regelung des Verzugs als solchem hingegen war er nicht befugt. Dies führt dazu, dass im Recht der Mitgliedsstaaten europarechtlich vorgeprägte Inseln[57] entstehen, aber, um im Bild zu bleiben, kein europarechtlich vorgeprägter Rechtskontinent.

bb) Ausblendung des nationalen Kontextes

Bei der Entwicklung dieser Gemeinschaftsrechtsinseln im nationalen Zivilrecht der Mitgliedstaaten nimmt die europäische Gesetzgebung traditionell keine Rücksicht auf die nationale Gesetzgebung. Das ist im Ansatz verständlich, weil europäische Gesetzgebung gerade dann entsteht, wenn die nationale Gesetzgebung zu unterschiedlich ist, und man naturgemäß keine Vorschrift finden kann, in der sich die Ausgangsregelungen aller nationalen Rechtsordnungen wieder finden. Andererseits müssen Richtlinien in den Mitgliedsstaaten umgesetzt werden. Das aber ist nur zu erreichen, wenn sich das Gemeinschaftsrecht in den nationalen Kontext harmonisch einfügt und die Schaffung zweckmäßiger nationaler Regelungen jedenfalls ermöglicht. Dieses Postulat gilt nicht nur, aber eben gerade auch im Bereich des Vertragsrechts.

cc) Fehlende Systematik

Ihre kompetenzielle Grundlage führt auch dazu, dass die entstehenden Gemeinschaftsrechtsinseln nicht immer die sachlich gebotene innere Kohärenz bieten. Ein Beispiel hierfür sind die Widerrufsrichtlinien der Gemeinschaft. Sie sehen Widerrufsrechte der Verbraucher vor, um sie vor Überraschungssituationen, vor Übereilung oder vor einem uninformierten Vertragsschluss zu schützen. Die Fristen und die Bedingungen des Widerrufsrechts sowie die Einzelheiten seiner Ausübung sind, wie ausgeführt, jeweils unterschiedlich geregelt. Teilweise wird das Widerrufsrecht mit Informationspflichten bewehrt, teilweise fehlen sie. Dies ist zunächst dem Umstand geschuldet, dass die Richtlinien in unterschiedlichen

---

[56] EuGH v. 13.9.2005 – C-176/03 *Kommission u. a. ./. Rat u. a.*, Slg. 2005, I-7879 Rn. 47.

[57] *Staudenmayer* (Fn. 55 – Perspektiven), S. 419, 420 spricht von einem Flickenteppich.

Entwicklungsphasen des Gemeinschaftsverbraucherrechts entstanden. Dieser Umstand allein vermag aber nicht zu erklären, weshalb die früheren Richtlinien nicht an den mit den neueren Richtlinien erreichten Stand angepasst und einer in sich geschlossenen Regelung des Widerrufsrechts zugeführt werden. Das wiederum findet seine Erklärung darin, dass Gemeinschaftsrichtlinien zur Lösung punktueller Problembereiche erlassen und nach wie vor wie völkerrechtliche Verträge verhandelt werden. Das schließt die Schaffung systematisch geschlossener Regelungen nicht notwendig aus, erschwert sie aber schon. Bei der Vorbereitung und der Verhandlung der einzelnen Richtlinie wird bei dieser Anlage der Gesetzgebung von allen Beteiligten bei Arbeiten an dem *einzelnen* Vorhaben gar nicht richtig wahrgenommen, wie dicht die europäischen Vorgaben in vielen Gebieten bereits geworden sind und wie notwendig es ist, dass das Gemeinschaftsrecht in sich stimmig ist.

b) Gefährdung der Kohärenz

aa) Anforderungen

Gemeinschaftsrichtlinien haben auch auf dem Gebiet des Zivilrechts den Zweck, das nationale Recht der Mitgliedstaaten anzugleichen und so zu einem Abbau der Rechtsunterschiede und zur Erleichterung des Rechtsverkehrs beizutragen. Ihrer Idee nach sollen Richtlinien dieses Ziel dadurch erreichen, dass sie dem nationalen Gesetzgeber der Mitgliedstaaten Regelungsziele vorgeben, die dieser dann in dem nationalen (Zivilrechts-) Kontext und mit den Mitteln umzusetzen hat, die sein Recht ihm bietet. Das eröffnet die Chance einer Annäherung des Rechts der Mitgliedstaaten ohne Brüche in der Systematik der nationalen Rechte der Mitgliedstaaten. Voraussetzung hierfür ist eine gewisse Zurückhaltung des Gemeinschaftsgesetzgebers und der gute Wille der Gesetzgeber der Mitgliedstaaten, eine Richtlinie auch dann so umzusetzen, wie es ihrem Sinn entspricht, wenn man von der Richtigkeit ihrer Ziele nicht überzeugt ist, ja womöglich gegen sie gestimmt hat. Diesen Kohärenzeffekt haben Richtlinien teilweise verloren. Die Ursachen hierfür sind vielschichtig.

bb) Verlust des Kohärenzeffekts der EG-Richtlinien

(1) Zunahme der Regelungsdichte

Der Gemeinschaftsgesetzgeber hat seine früher geübte Zurückhaltung aufgegeben. Dies wird deutlich, wenn man beispielhaft die Haustürwiderrufsrichtlinie und die Richtlinie über den Fernabsatz von Finanzdienstleistung miteinander vergleicht. Die Haustürwiderrufsrichtlinie beschränkt sich auf die unabdingbaren Vorgaben und überlässt alles andere dem nationalen Gesetzgeber der Mitgliedstaaten. Demgegenüber sieht die Richtlinie über den Fernabsatz von Finanzdienstleistungen einen umfangreichen Katalog von Erwägungsgründen und Regelungsvorgaben für die Ausgestaltung des nationalen Rechts vor, die dem nationalen Gesetzgeber nahezu jedes Detail vorschreiben und ihm praktisch keinen Gestaltungsspielraum mehr lassen. Richtlinien des zweiten Typs sind heute die Regel, knappe Richtlinien wie die Haustürwiderrufsrichtlinie die Ausnahme.

Dafür lassen sich drei wesentliche Ursachen ausmachen: Knappe Rechtssätze setzen auf nationaler wie auch auf Gemeinschaftsebene voraus, dass ihre Botschaften von den Rechtsanwendern auch in den Punkten übereinstimmend verstanden werden, in denen sich der Gesetzgeber für die eine und gegen andere Positionen entschieden hat. Daran fehlt es heute aber weithin, was die Gesetzgeber der verschiedenen Ebenen immer wieder veranlasst, möglichst viele denkbare Auslegungsfragen gleich in dem zu erlassenden Gesetz selbst zu klären.

Mit der Einführung des Mehrheitsprinzips für viele Regelungsfelder der Gemeinschaft haben auch die Fälle zugenommen, in denen Mitgliedstaaten in der Sache haben zurückstecken müssen, auch wenn sie sich dann bei der Abstimmung im Rat vielleicht nur enthalten haben. Das, aber auch Widerstände der heimischen beteiligten Kreise, haben dazu geführt, dass Richtlinien des Öfteren nicht nur verspätet, sondern – jedenfalls aus der Sicht der Gemeinschaft – halbherzig umgesetzt wurden. Das legt es der Gemeinschaft nahe, in den Richtlinien das zur Umsetzung aus Gemeinschaftssicht Erforderliche detailgenauer zu beschreiben.

In einer größer gewordenen Gemeinschaft ist es schließlich auch schwieriger geworden, die notwendigen Mehrheiten für die Verabschiedung einer Richtlinie zu erreichen. Es ist immer häufiger nötig, Zugeständnisse zu machen, die sich im Interesse an dem Erhalt der Kernaussagen einer Richtlinie nicht selten in Textergänzungen in eher peripheren oder peripher erscheinenden Bereichen der Richtlinienvorhaben niederschlagen. Auch sie tragen nicht immer zur Verbesserung der Verständlichkeit bei.

(2) Zunahme von EG-Rechts-Inseln

Die größer gewordene Regelungsdichte der Richtlinie erschwert auch dem gutwilligen nationalen Gesetzgeber die Umsetzung sehr. Es wäre zwar, jedenfalls auf der rechtstheoretischen Ebene,[58] ein Leichtes, den Inhalt der verschiedenen Richtlinien in ein nationales Sondergesetz aufzunehmen oder

[58] Das für das Überweisungsgesetz erwogene Verweisungsgesetz ist aus politischen Gründen gescheitert.

gar, wie dies in Deutschland bei der Umsetzung der Überweisungsrichtlinie erwogen worden ist,[59] bei entsprechender Regelungsdichte die Richtlinie für unmittelbar anwendbar zu erklären. Damit würde der Umsetzungsauftrag aber nur der Form nach erfüllt. Denn die umgesetzte Richtlinie legt sich als weitere Regelungsschicht auf den vorhandenen nationalen Normenbestand. Die eigentliche Umsetzungsaufgabe, nämlich das Verhältnis der verschiedenen Regelungsschichten zueinander zu klären, wird letztlich auf die Gerichte verlagert. Diese aber können innere Widersprüche zwischen den Regelungsschichten nur in Grenzen auflösen und auch nur in beschränktem Umfang verhindern, dass der eine Teil durch eine ungewollte Kumulation nationaler und gemeinschaftsrechtlicher Rechtsbehelfe überbelastet wird. Die Gesamtrechtsordnung wird bei dieser Art der Umsetzung nicht einfacher, sondern komplizierter. Das kann hingenommen werden, wenn es sich hierbei um punktuelle Einzelfälle handelt. Das war in der Anfangsphase des Gemeinschaftszivilrechts der Fall, hat sich indes längst vor der Kaufrechtsrichtlinie, spätestens seit ihrem Erlass grundlegend geändert. Die Europarechtsinseln im Recht der Mitgliedsstaaten sind nicht nur zahlreicher, sondern vor allem auch größer geworden. Das ist im Interesse einer Vereinheitlichung des Zivilrechts zu begrüßen. Mit dem immer größer werdenden Anteil des Gemeinschaftsrechts am Europäischen Zivilrecht steigt aber auch die Verantwortung des Gemeinschaftsgesetzgebers dafür, dass das Gemeinschaftszivilrecht in sich kohärent und widerspruchsfrei ausgestaltet und mit der vertragsrechtlichen Umgebung im Recht der Mitgliedsstaaten so gut wie möglich abgestimmt wird.[60] Denn nur so lässt sich verhindern, dass die Europäische Zivilrechtsordnung insgesamt unübersichtlich und zu einer Belastung der Bürger wird.

(3) Durchsetzung sog. absoluter Standards

Diese Gefahr ist vorhanden und wird durch einen Trend in der jüngeren Gemeinschaftsgesetzgebung verstärkt: den Trend zum Erlass von Richtlinien mit sog. absolutem Standard. Die Verbraucherschutzrichtlinien sind traditionell Mindeststandardrichtlinien. Sie legen einen Mindeststandard fest und lassen den Mitgliedsstaaten die Freiheit, darüber hinauszugehen. Demgegenüber legt eine Richtlinie mit absolutem Stand nicht nur einen Mindeststandard, sondern auch einen Höchststandard fest. Sie kann also nicht überboten werden. Die EU-Kommission hat mit der Richtlinie über den Fernabsatz von Finanzdienstleistungen begonnen, bei Verbraucherschutzrichtlinien von dem traditionellen Mindeststandardprinzip abzuge-

---

[59] *Schmidt-Räntsch* (Fn. 47), S.139 ff., 146 f.

[60] *Staudenmayer* (Fn. 55 – Perspektiven), S. 419, 423.

hen und grundsätzlich Richtlinien mit absolutem Standard vorzuschlagen. Solche Richtlinien sind im Bereich des Gemeinschaftszivilrechts keineswegs unbekannt. Ein Beispiel hierfür ist die Produkthaftungsrichtlinie[61]. Man wird auch kaum allgemein festlegen können, welchen Harmonisierungsgrad eine Verbraucherschutzrichtlinie vorgeben soll. Das wird vielmehr vom Inhalt der vorgesehenen Richtlinie abhängen.

Dieser Zusammenhang zwischen Richtlinieninhalt und Harmonisierungsgrad droht aber aus dem Blick zu geraten. Richtlinien mit absolutem Standard werden nämlich deshalb vorgezogen, weil sie einer Rechtszersplitterung entgegenwirken.[62] Ob diese Annahme zutrifft, ist zweifelhaft. Bei näherer Betrachtung zeigt sich nämlich, dass nennenswerte Überschreitungen des Mindeststandards nur bei Richtlinien vorkommen, die einen niedrigen Mindeststandard oder nur eine Harmonisierung in wenigen Elementen erreichen. Bei den Richtlinien, die entsprechend Art. 153 EGV einen hohen Standard vorsehen, sind die Abweichungen dagegen gering. Beispiele hierfür sind die Fernabsatzrichtlinie und die Kaufrechtsrichtlinie. Jedenfalls kann eine Rechtszersplitterung durch Richtlinien mit absolutem Standard nur vermieden werden, wenn sie sich auf wenige Zielvorgaben beschränken oder, wie die Produkthaftungsrichtlinie, einen Bereich vollständig regeln. Wird dieser Harmonisierungsgrad aber auf Richtlinien angewandt, die den Mitgliedstaaten sehr detaillierte Vorgaben machen, ohne den thematisierten Regelungsbereich voll abzudecken, dann wird leicht das Gegenteil des Gewollten erreicht. Denn der absolute Standard gilt dann nicht nur für die sachlichen Ergebnisse, sondern, vorbehaltlich spezieller Ausnahmeregelungen, für jedes Detail. Das macht den Mitgliedstaaten eine systemgerechte Einpassung der Richtlinienvorgaben in das nationale Recht unmöglich und führt dann zu einer Zersplitterung des nationalen Rechts selbst.

Dieser Zusammenhang lässt sich wiederum am Beispiel der Widerrufsrichtlinien der Gemeinschaft darstellen: Diese Richtlinien sehen für verschiedene Situationen Widerrufsrechte vor, die, ohne dass es dafür überzeugende sachliche Gründe gibt, immer wieder unterschiedlich ausgestaltet sind. Die bisherigen Richtlinien folgten einem Mindeststandard und haben es dem deutschen Gesetzgeber erlaubt, für die technische Abwicklung des Widerrufsrechts mit den §§ 355 ff. BGB eine im Großen

---

[61] Richtlinie 85/374/EWG des Rates vom 25.7.1985 zur Angleichung der Rechts- und Verwaltungsvorschriften der Mitgliedstaaten über die Haftung für fehlerhafte Produkte, ABl. 1985 L 210/29.

[62] Grünbuch der EU-Kommission „Die Überprüfung des gemeinschaftlichen Besitzstandes im Verbraucherschutz“ vom 8.2.2007 – KOM(2006) 744 endg. S. 11 mit kritischer Stellungnahme des EWSA in ABl. 2007 C 256/27, Tz. 5.3.

und Ganzen einheitliche und überschaubare Regelung zu schaffen. Brüche sind in jüngerer Zeit nur dadurch aufgetreten, dass die Richtlinie über den Fernabsatz von Finanzdienstleistungen in diesem Punkt gerade keinen Mindeststandard mehr vorsieht, sondern einen absoluten Standard vorgibt. Das hat dazu geführt, dass die im Ansatz einheitliche Regelung für die spezielle Situation eines Fernabsatzvertrages über Finanzdienstleistungen um disparate Sonderregelungen[63] ergänzt und im Ergebnis die Vereinheitlichung teilweise wieder aufgegeben werden musste. Die punktuelle Vereinheitlichung sachlicher Ergebnisse auf Gemeinschaftsebene wurde also mit einem Verlust an Systematik und damit an Übersichtlichkeit auf nationaler Ebene erkauft. Dieser Verlust ist auch beträchtlich, weil er nicht nur grenzüberschreitende Sachverhalte erfasst, sondern auch alle Inlandssachverhalte. Die Rechtszersplitterung wird mit einem solchen Vorgehen nicht kleiner, sondern nur verlagert. Dieses Ergebnis beruht entscheidend darauf, dass der Gemeinschaftsgesetzgeber den nationalen Zivilrechtskontext zu wenig in den Blick nimmt.

(4) Verkürzung der Umsetzungsfristen

An Kohärenzeffekt verlieren Richtlinien nicht zuletzt auch deshalb, weil die Umsetzungsfristen tendenziell kürzer werden. Diese Entwicklung ist allerdings aus Gemeinschaftssicht verständlich. Die Mitgliedstaaten setzen Gemeinschaftsrichtlinien immer wieder verspätet um. Sie können sich dazu auch nicht immer auf die Schwierigkeit der Materie berufen. Nicht selten ist die Unzufriedenheit der nationalen beteiligten Kreise mit dem Inhalt der verabschiedeten Richtlinie eine wesentliche Ursache für die Verspätung. Es liegt nahe, darauf mit knapperen Umsetzungsfristen zu reagieren. Knappere Fristen erschweren aber auch eine systemgerechte Umsetzung des Gemeinschaftsrechts, das dann zeitgerecht oft nur durch ein „schnelles Sondergesetz" umgesetzt werden kann. Das wiederum lässt das umgesetzte Gemeinschaftsrecht tendenziell eher als einen Fremdkörper im nationalen Zivilrecht denn als einen integralen Bestandteil eines einheitlichen Europäischen Zivilrechts erscheinen.

---

[63] § 312d Abs. 3 Nr. 1 und Abs. 6 BGB dazu: Bamberger/Roth-*Schmidt-Räntsch,* Kommentar zum Bürgerlichen Gesetzbuch (2. Aufl. 2007), § 312d Rn. 32, 54.

II. Der Gemeinsame Referenzrahmen (CFR)

1. Das Vertragsrechts-Papier der Kommission

a) „Europäische Restatements"

Die künftige Konzeption und Ausrichtung der Gemeinschaftsgesetzgebung auf dem Gebiet des Zivilrechts ist deshalb für die Funktionsfähigkeit des Europäischen Zivilrechts von ganz wesentlicher Bedeutung. Auf seiner Tagung am 15./16.10.1999 in Tampere stellte der Europäische Rat die Notwendigkeit einer allgemeinen Studie im Bereich des materiellen Zivilrechts über die Frage fest, ob zur Beseitigung von Hindernissen für das reibungslose Funktionieren von zivilrechtlichen Verfahren, die zivilrechtlichen Vorschriften der Mitgliedstaaten angeglichen werden müssen; er forderte die EU-Kommission auf, hierzu zu berichten[64]. Die Kommission reagierte darauf mit ihrer Mitteilung zum Vertragsrecht vom 11.7.2001[65]. Darin stellte sie keine fertigen Konzepte, sondern zunächst nur Handlungsoptionen dar. Neben einem völligen Absehen von Maßnahmen zur Stärkung der Kohärenz hat sie als erste Option die Sichtung des gemeinschaftlichen Bestands der Vertragsrechte der Mitgliedsstaaten gesehen. Diese Option hat eine gewisse Ähnlichkeit mit den Restatements, wie sie in den USA entwickelt werden.[66] Ähnlich dem American Law Institute[67] könnte ein European Law Institute den Inhalt des gelebten Rechts der Mitgliedsstaaten zusammenstellen.[68] Eine gewisse Schwierigkeit ergibt sich allerdings aus der sehr unterschiedlichen Struktur des Vertragsrechts in den USA einerseits und in der Europäischen Union andererseits. In den USA haben die Mitgliedsstaaten zwar verschiedenes

---

[64] Nr. 39 der Schlussfolgerungen des Europäischen Rats von Tampere am 15./16.10.1999 – Ratsdokument SI (1999) 800 wiedergegeben in der Mitteilung der Kommission v. 11.7.2001, ABl. 2001 C 255/2.

[65] Mitteilung der Kommission an den Rat und das Europäische Parlament zum Europäischen vertragsrecht vom 11.7.2001 – KOM(2001) 398 endg., ABl. 2001 C 255/1.

[66] Dazu *Schindler,* Die Restatements und ihre Bedeutung für das amerikanische Privatrecht, ZEuP 1998, 277, 287 ff. und auch schon *Remien,* Rechtseinheit ohne Einheitsgesetze?, RabelsZ 56 (1992), 300, 312 ff.

[67] Vgl. dazu auch *Basedow,* Das BGB im künftigen europäischen Privatrecht – der hybride Kodex, AcP 200 (2000), 445, 460.

[68] Dazu *Schmid,* Legitimationsbedingungen eines Europäischen Zivilrechtgesetzbuchs, JZ 2001, 674, 680 f.; *Herresthal,* Vertragsrecht, in: Langenbucher (Hrsg.), Europarechtliche Bezüge des Privatrechts (2005), § 2 Rn. 7 f.

Gesetzesrecht. Die große Masse ihres Zivilrechts baut aber auf einem im Wesentlichen einheitlichen Case Law auf, das auf dieser Grundlage gut zusammengestellt werden kann. Gleiches wäre in Mitgliedsstaaten wie Großbritannien oder Irland möglich. In den Staaten Kontinentaleuropas ist das aber schwieriger, weil sich die Rechtsprechung dort zwangsläufig an den Zivilrechtskodifikationen orientiert und zunächst einmal eine einheitliche „Kompilierungsgrundlage" geschaffen werden müsste.

b) Das sog. 28. Regime

Als zweite Möglichkeit hat die Kommission in ihrem Papier ein optionales Instrument beschrieben, das im Fachjargon unter der Bezeichnung „28. Regime" firmiert. Gedacht ist an eine Vertragsrechtsordnung, die in einem EU-Rechtsakt festgelegt wird und dann zur Anwendung kommt, wenn die Vertragsparteien es wählen. Die Möglichkeit einer solchen Auswahl kann für Vertragsparteien interessant sein, die sich mit ihrem Vertragspartner nicht auf eine der beiden Heimatrechtsordnungen einigen können, sondern lieber ein „neutrales Regime" wählen würden, damit beide ihr Gesicht wahren oder das Gefühl haben können, gerecht behandelt worden zu sein. Besonderes Interesse hat ein solches Instrument auch für Unternehmen, die ein Produkt oder Dienstleistungen anbieten, die man nicht mit den Sinnen erfassen kann, sondern Rechtsprodukte. Einer der wesentlichen Anwendungsbereiche hierfür ist das Versicherungsrecht. Derzeit können auch europaweit tätige Versicherungsunternehmen keine europaweit einheitlichen Versicherungsprodukte anbieten. Die angebotenen Verträge müssen vielmehr auf die konkreten rechtlichen Rahmenbedingungen des einzelnen Ziellandes zugeschnitten werden. Es ist evident, dass hierfür deutlich mehr Kosten aufgewandt werden müssen, als wenn ein bestimmtes Versicherungsprodukt einheitlich in ganz Europa angeboten und vertrieben werden kann. Es nimmt deshalb auch nicht Wunder, dass das größte Interesse an Arbeiten, die in diese Richtung gehen, von Seiten der Versicherungsunternehmen bekundet wird.

c) Europäische Vertragsrechtsverordnung

Als letzte Option hatte die EU-Kommission seinerzeit ein einheitliches unmittelbar geltendes europäisches Vertragsrecht gesehen. Auch wenn die bis in die jüngste Zeit hinein diskutierten Texte eben an ein solches europäisches Vertragsrecht erinnern, so streitet doch die Kommission seit jeher entschieden ab, an einem europäischen Vertragsrecht zu arbeiten oder wenigstens auf ein solches Vertragsrecht hinzuarbeiten. Man hat den Eindruck, dass diese Option schon damals eher als eine – nicht unbedingt wünschenswerte – Vision angesehen worden ist. Etwas Faszinierendes hat diese Idee aber trotzdem. Der europäische Binnenmarkt, auf den die EU-Kommission mit den 300 Vorschlägen aus dem sog. Delors-Papier[69] hingearbeitet hat,[70] ist heute weitgehend Realität, ja sogar selbstverständlich geworden. Deswegen ist die Frage legitim, ob ein einheitlicher Binnenmarkt nicht auch ein einheitliches Vertragsrecht vertragen kann. Ein Blick jedenfalls in die deutsche Geschichte zeigt, dass ein einheitliches Vertragsrecht keineswegs nur in Vereinigten Staaten von Europa denkbar ist. Immerhin haben die im Deutschen Bund von 1815 versammelten und seinerzeit noch voll souveränen deutschen Staaten die Notwendigkeit einheitlicher Rechtsgrundlagen für den zwischenstaatlichen Handel erkannt und mit dem Allgemeinen Deutschen Handelsgesetzbuch von 1861 ein einheitliches Vertragsrecht für den Handelsverkehr geschaffen, das in Form einer Loi uniforme in den Mitgliedsstaaten des Deutschen Bundes erlassen wurde und einheitliche Grundlagen für den Handelsverkehr zwischen den deutschen Staaten schuf. Dass jedenfalls eine solche thematisch begrenzte Harmonisierung des Vertragsrechts auch in Europa denkbar ist, zeigt das Wiener UN-Kaufrecht[71]. Dieses Kaufrecht wurde und wird zwar häufig, was nach Art. 6 CISG möglich ist, ausgeschlossen.[72] Der bloße Verweis auf das Recht eines Vertragsstaats genügt dazu aber, was des Öfteren übersehen wird, nicht.[73] Deshalb kommt das Wiener Kaufrecht häufiger zur Anwendung, was seine rechtliche Durchdringung fördert.

2. Der CFR

a) Möglicher Inhalt

Aus den Reaktionen auf ihre Mitteilung formte die EU-Kommission im Jahre 2003 einen Aktionsplan,[74] in dessen Zentrum sie die Schaffung eines

[69] Weißbuch der Kommission an den Rat „Vollendung des Binnenmarkts" vom 14.6.1986 – KOM(1985) 310 endg., abrufbar unter: http://europe.eu/documents/comm/white-papers/pdf/com1985_0310_f_de.pdf.

[70] Dazu: *Hirsch* (Fn. 5), S. 10.

[71] Übereinkommen der Vereinten Nationen über den internationalen Warenkauf – United Nations Convention on Contracts for the International Sales of Goods (CISG).

[72] Bamberger/Roth-*Saenger* (Fn. 63), Art. 6 CISG Rn. 1; *Koch,* Wider den formularmäßigen Ausschluss des UN-Kaufrechts, NJW 2000, 910; *Stadie,* CISG – Das UN-Kaufrecht in der Anwaltspraxis, MDR 2002, 428, 431.

[73] BGH, NJW 1999, 1259, 1260; Bamberger/Roth-*Saenger* (Fn. 63), Art. 6 CISG Rn. 4.

[74] Mitteilung der Kommission an das Europäische Parlament und den Rat

Gemeinsamen Referenzrahmens (CFR) stellte[75]. Der CFR soll ein der Öffentlichkeit zugängliches Dokument sein, das den Gemeinschaftsorganen helfen soll, eine kohärentere Ausgestaltung der geltenden und künftigen Gemeinschaftsvorschriften im Bereich des Europäischen Vertragsrechts zu gewährleisten.[76] Das bedeutet nach Ansicht der EU-Kommission dreierlei:[77] Auf ihn solle zunächst die EU-Kommission selbst bei der Ausarbeitung von Vorschriften des Gemeinschaftsrechts zugreifen können. Sodann soll er als Instrument einer größeren Annäherung der Vertragsrechte der einzelnen EU-Mitgliedstaaten und unter Umständen auch geeigneter Drittstaaten dienen. Schließlich wolle sich die EU-Kommission bei der Prüfung der Frage, ob nicht sektorspezifische Ansätze — wie z. B. ein optionelles Instrument — zur Lösung von Problemen im Bereich des Europäischen Vertragsrechts erforderlich sind, auf den Gemeinsamen Referenzrahmen stützen. Was man sich unter dem CFR genau vorzustellen hat, beschreibt die EU-Kommission in ihrer Mitteilung nicht eindeutig. Die Kommission sehe, so heißt es einleitend, einen Gemeinsamen Referenzrahmen, der gemeinsame Grundsätze und Begriffe im Bereich des Europäischen Vertragsrechts festlegt, als wichtigen Schritt zur Verbesserung des gemeinschaftlichen Vertragsrechts an.[78] Der CFR solle aber auch Lösungen für den Fall bieten, dass Mängel am bisherigen EG-Recht festgestellt werden.[79] Schließlich solle er auch als Grundlage für weitere Überlegungen über ein optionelles Instrument im Bereich des europäischen Vertragsrechts dienen und in diesem Rahmen versuchen, einschlägige Grundsätze und Regelungen zu formulieren.[80] Damit kann der CFR letztlich zur Verwirklichung aller Optionen der Mitteilung der Kommission dienen.[81] Das wird in der Mitteilung der EU-Kommission vom 11.10.2004[82] zum weiteren Vorgehen beim Europäischen Vertragsrecht noch deutlicher.

„Ein kohärentes Europäisches Vertragsrecht – Ein Aktionsplan – v. 15.3.2003, ABl. 2003 C 63/1; zu dessen Einordnung *Schmidt-Kessel,* Auf dem Weg zu einem Europäischen Vertragsrecht, RIW 2003, 481, 488 f.

[75] Aktionsplan, Rn. 59, ABl. 2003 C 63/1, 11.

[76] Aktionsplan, Rn. 59, ABl. 2003 C 63/11.

[77] Aktionsplan, Rn. 62, ABl. 2003 C 63/11.

[78] Aktionsplan, Rn. 59, ABl. 2003 C 63/11.

[79] Aktionsplan, Rn. 64, ABl. 2003 C 63/12.

[80] Aktionsplan, Rn. 64, ABl. 2003 C 63/12

[81] *Staudenmayer,* Weitere Schritte im Europäischen Vertragsrecht, EuZW 2005, 103, 104 f.

[82] Mitteilung der Kommission an das Europäischen Parlament und den Rat – Europäisches Vertragsrecht und Überarbeitung des gemeinschaftlichen Besitzstands – weiteres Vorgehen v. 11.10.2004 – KOM(2004) 651 endg., abgedruckt in BR-Drs. 821/04.

b) Umsetzung durch die EU-Kommission

aa) v. Bar-Gruppe

Mit der Ausarbeitung des GRR hat die EU-Kommission eine internationale Forschergruppe um den Osnabrücker Rechtswissenschaftler *v. Bar* beauftragt. Diese hat sich bei der Umsetzung an dem zuletzt genannten Aspekt ausgerichtet. Sie schreibt die Principles of European Contract Law[83] unter Berücksichtigung des Acquis Communautaire auf dem Gebiet des Gemeinschaftszivilrechts fort. Dabei entsteht ein Text, der thematisch weite Bereiche des Allgemeinen Teils, des allgemeinen und des besonderen Schuldrechts des BGB und der entsprechenden Teile der Kodifikationen der anderen Mitgliedstaaten abdeckt. Die Texte haben die Regelungsdichte einer Kodifikation. Sie sind – wie die Principles of European Contract Law – in regelnde Texte (so genannte Rules), deren Erläuterungen (so genannte Comments) und rechtsvergleichende Hinweise (so genannten Notes) gegliedert. Sie könnten nach Form und Inhalt ein Europäisches Vertragsrecht oder ein optionales, das sog. 28. Regime darstellen. Die EU-Kommission selbst betrachtet den CFR dagegen als eine Toolbox.[84] Er soll Regelungsmuster bereitstellen, auf die sie selbst, aber auch die anderen an der Gesetzgebung beteiligten Organe, das Europäische Parlament und der Rat, bei Bedarf zurückgreifen können. Das allerdings würde voraussetzen, dass der CFR für einzelne Regelungskomplexe Regelungsmuster bereitstellt, die sich aus dem Kontext herauslösen und in Richtlinien oder Verordnungen einfügen lassen. Ob das in dem Umfang möglich ist, den der Begriff Toolbox nahe legt, erscheint zweifelhaft. Schon für die Widerrufsrechte sind, wie die Widerrufsrichtlinien zeigen, verschiedene Ausgestaltungen vorstellbar, obwohl sie eigentlich nur ein einheitliches Werkzeug darstellen sollten. Die Definition von Schlüsselbegriffen wie des Begriffs des Verbrauchers oder des Unternehmers hängen ganz entscheidend von ihrem Kontext ab.

bb) CFR-Netzwerk

Die Arbeiten des Forschernetzwerks werden begleitet von einem Netzwerk von Interessenvertretern.[85] Diesem gehören Vertreter der beteiligten Kreise, aber auch öffentlicher Institutionen an. Ihre Aufgabe ist es, die Arbeiten des Forschernetzwerks aus der Sicht der Praxis zu begleiten.

---

83 *Lando/Beale*, Principles of European Contract Law.

84 EU-Kommission, Zweiter Fortschrittsbericht zum Gemeinsamen Referenzrahmen, v. 25.7.2007 – KOM(2007) 447 endg. S. 12 unter Nr. 6.

85 *Hirsch* (Fn. 5), S. 12.

cc) Acquis-Group

In ihrem Aktionsplan hat sich die EU-Kommission neben der Entwicklung des GRR auch eine Verbesserung des bestehenden Gemeinschaftsprivatrechts vorgenommen.[86] Dazu Vorschläge zu unterbreiten, ist nicht Aufgabe des Forschernetzwerks. Hiermit ist die sog. Acquis-Group beauftragt. Sie hat unter Leitung des Bielefelder Rechtswissenschaftlers *Schulte-Nölke* mit dem „EG-Verbraucherrechtskompendium“[87] eine umfangreiche rechtsvergleichende Studie zum Verbraucher-Acquis vorgelegt und auch Vorschläge zu seiner Verbesserung unterbreitet.

c) Die Konferenz von London und ihre Folgen

aa) Ergebnis der Londoner Konferenz

Die Arbeiten des Forschernetzwerks waren Gegenstand einer gemeinsamen Konferenz der britischen Ratspräsidentschaft und der Europäischen Kommission zum Europäischen Vertragsrecht vom 26.9.2005.[88] Hierbei wurde die aus den im CFR-Netzwerk vorgelegten Ausschnitten der in dem Forschernetzwerk entstehenden Texte abgeleitete Absicht, ein Europäisches Vertragsrecht zu schaffen, sehr kritisch aufgenommen und überwiegend abgelehnt. Das führte zu einer grundlegenden Neuausrichtung der Arbeiten im CFR-Netzwerk. Diese Neuausrichtung wird aus dem erwähnten zweiten Fortschrittsbericht der EU-Kommission vom 25.7.2007 deutlich. Seitdem hat sich das CFR-Netzwerk mit den Arbeiten des Forschernetzwerks nur noch aus dem Blickwinkel des Gemeinschaftsverbraucherrechts befasst. Das aber entspricht nicht dem Inhalt dieser Arbeiten.

bb) Grünbuch zum Verbraucherrecht

Die Ergebnisse der Arbeiten der Acquis-Group hat die EU-Kommission in ihrem Grünbuch zum Verbraucherrecht vom 8.2.2007[89] ausgewertet. Es schließt thematisch an das EG-Verbraucherrechtskompendium einerseits und an die Workshops andererseits an, die die EU-Kommission im Ex-

---

[86] Aktionsplan, Rn. 55, ABl. 2003 C 63/10

[87] Von April 2007, abrufbar unter http://ec.europa.eu/consumers/cons_int/safe-shop/acquis/comp-analysis-de.pdf.

[88] Ergebnisse abrufbar unter: http://ec.europa.eu/consumers/cons_int/safe_shop/fair_bus_pract/cont_law/conference26092005_de.htm.

[89] Grünbuch der EU-Kommission „Die Überprüfung des gemeinschaftlichen Besitzstands im Verbraucherschutz“ v. 8.2.2007 – KOM(2006) 744 endg., veröff. in BT-Drs. 16/5272 S. 8 ff.

pertennetzwerk zum Europäischen Vertragsrecht im Jahre 2006 abgehalten hat und greift zu einem Teil auch deren Ergebnisse auf.

cc) Wissenschaftlicher CFR

Die Arbeiten des Forschernetzwerks haben sich schon vor der Vorlage des Grünbuchs von den Arbeiten an dem Verbraucherrecht entkoppelt. Sie werden unter der Arbeitsbezeichnung „wissenschaftlicher CFR" mit der ursprünglichen Zielsetzung des Forschernetzwerks fortgeführt. Dabei schien sich allerdings eine Beschränkung auf das Vertragsrecht ergeben.[90] Diese Erwartung hat sich nicht bestätigt. Das Forschernetzwerk hat Anfang 2008 einen Draft Common Frame of Reference (DCFR) vorgelegt, der das gesamte allgemeine und besondere Schuldrecht und weite Bereiche des Allgemeinen Teils thematisch abdeckt.

III. Sicherung der Kohärenz des Europäischen Zivilrechts

1. Harmonisierung des EG-Verbraucherrechts

a) Vereinheitlichung der Widerrufsrechte

aa) Einheitliche Fristen

Eines der auffälligsten Kohärenzdefizite des Gemeinschaftsprivatrechts stellen die Unterschiede bei der Ausgestaltung der Widerrufsrechte in den einzelnen Verbraucherrichtlinien dar. Sie werden darin deutlich, dass die Widerrufsfrist in jeder Widerrufsrichtlinie anders festgelegt ist. Auch der Maßstab ist nicht einheitlich. Überwiegend wird die Frist nach Kalendertagen berechnet, in der Fernabsatzrichtlinie jedoch nach Werktagen, was nach der Fristenverordnung der EU[91] dazu führt, dass in komplizierter Weise die Feiertags- und Arbeitstagslage in den einzelnen Mitgliedsstaaten, zum Teil sogar in einzelnen Regionen von Mitgliedsstaaten überprüft werden muss. Es liegt nahe, diese Fristen zu vereinheitlichen.

---

[90] *Schulze,* Konturen des künftigen europäischen Vertragsrechts, EuZW 2007, 449.

[91] Verordnung (EWG, Euratom) Nr. 1182/71 des Rates vom 3.6.1971 zur Festlegung der Regeln für die Fristen, Daten und Termine, ABl. 1971 L 124/1.

bb) Einheitliche Ausübungsregeln

In welcher Weise das Widerrufsrecht ausgeübt werden soll, wird in den Widerrufsrichtlinien nur sparsam geregelt. Hier besteht Harmonisierungsbedarf in zweierlei Richtungen: Zum einen sollte geregelt werden, wie der Verbraucher das Widerrufsrecht ausüben soll. Es spricht zwar auf den ersten Blick einiges dafür, dem Verbraucher die Wahl des Widerrufsmittels frei zu stellen. Das kann aber dazu führen, dass der Verbraucher zum Telefon greift und am Ende keinen Beleg dafür hat, dass er rechtzeitig widerrief. Zweckmäßig wäre es, einheitlich vorzugeben, dass der Widerruf mindestens in Textform erfolgen muss und dass der Unternehmer dem Verbraucher nicht vorschreiben darf, in welcher Form er zu widerrufen hat. Harmonisiert werden sollte noch ein zweiter Punkt. Vor allem im Bereich des Versandhandels führt nämlich der Widerruf für sich genommen zu einem erheblichen Verwaltungsaufwand. Es muss nämlich nicht nur nachgehalten werden, ob und wann die Verträge eventuell widerrufen sind. Nachgehalten werden muss nämlich gerade im Versandhandel auch, ob und wann und in welchem Zustand die Ware wieder zurückgelangt. Das deutsche Recht erlaubt dem Unternehmer deshalb in solchen Fällen statt eines Widerrufsrechts ein Rückgaberecht zu vereinbaren, das sich von einem Widerrufsrecht im Wesentlichen nur dadurch unterscheidet, dass der Widerruf nicht durch eine gesonderte Erklärung, sondern nur durch Zurücksendung der Ware erfolgen kann. Ein solches Rückgaberecht ist aber EG-rechtlich nur unvollkommen abgesichert und sollte als zulässige Modalität für Warenlieferungen zugelassen werden.

cc) Einheitliche Rechtsfolgen

Die Widerrufsrichtlinien geben vor, dass der Verbraucher nach erfolgtem Widerruf keinen Verpflichtungen ausgesetzt sein soll. Teilweise wird in den Erwägungsgründen dazu klargestellt, dass das wiederum einer Verpflichtung zum Ersatz erlangter Gebrauchsvorteile nicht entgegensteht. Die beiden Fernabsatzrichtlinien schreiben vor, dass dem Verbraucher zu erstattende Beträge innerhalb von 30 Tagen zu zahlen sind. Diese Zurückhaltung des Gemeinschaftsgesetzgebers hat sich nicht bewährt, wie die Entwicklung der Schrottimmobilienfälle[92] zeigt. Die dem nationalen Gesetzgeber sehr

---

[92] Dazu etwa: *Jungmann*, Schadensersatzansprüche in Schrottimmobilienfällen – Die unterschiedlichen Vorstellungen von EuGH und BGH, NJW 2007, 1562, 1563; *Lechner*, Neues von den „Schrottimmobilien“, NZM 2007, 145, 149 ff.; *Schmidt-Räntsch*, Die aktuelle Rechtslage bei sog. Schrottimmobilien, MDR 2005, 6, 10 f.

entgegenkommende Zielvorgabe der hier einschlägigen Haustürwiderrufsrichtlinie hat mehrere Vorentscheidungsersuchen[93] ausgelöst, die die Grenzen der Zielvorgabe ausloten.

b) Informationspflichten

aa) Ausgangspunkt

Ein wirksamer Schutz des Verbrauchers vor Übereilung ist regelmäßig nur zu erreichen, wenn der Verbraucher über die für die Entscheidung für oder gegen den Vertrag wesentlichen Punkte informiert wird. Die Erkenntnis fand ihren ersten Niederschlag in der Verbraucherkredit- und den Versicherungsrichtlinien[94]. Seitdem gehören Informationspflichten neben den Widerrufsrechten zu den traditionellen Instrumenten des Verbraucherschutzes.

bb) Überborden der Informationspflichten

Die Informationspflichten werden in jeder Richtlinie eigenständig und jeweils vollständig neu geregelt. Bei dieser Regelungstechnik kommt es

---

[93] BGH, NJW 2000, 521 – dazu EuGH v. 13.12.2001 – Rs. C-481/99 *Heininger*, Slg. 2001, I-9945; LG Bochum, NJW 2003, 2612 – dazu EuGH v. 25.10.2005 – Rs. C-350/03 *Schulte*, Slg. 2005, I-9215; OLG Bremen, NJW 2004, 2238 – dazu EuGH v. 25.10.2005 – Rs. C-229/04 *Crailsheimer Volksbank eG*, Slg. 2005, I-9273; noch offen die Entscheidung über OLG Stuttgart, NJW 2007, 379, dazu GA *Maduro*, Schlussanträge v. 21.11.2007 – Rs. C-412/06 *Hamilton*, veröff. in ZIP 2007, 2307.

[94] Vgl. Erste Richtlinie 73/239/EWG des Rates vom 24.7.1973 zur Koordinierung der Rechts- und Verwaltungsvorschriften betreffend die Aufnahme und Ausübung der Tätigkeit der Direktversicherung (mit Ausnahme der Lebensversicherung), ABl. 1973 L 228/3; Richtlinie 87/344/EWG des Rates vom 22.6.1987 zur Koordinierung der Rechts- und Verwaltungsvorschriften für die Rechtsschutzversicherung, ABl. 1987 L 185/77; Zweite Richtlinie 88/357/EWG des Rates vom 22.6.1988 zur Koordinierung der Rechts- und Verwaltungsvorschriften für die Direktversicherung (mit Ausnahme der Lebensversicherung) und zur Erleichterung der tatsächlichen Ausübung des freien Dienstleistungsverkehrs sowie zur Änderung der Richtlinie 73/239/EWG, ABl. 1988 L 172/1; Richtlinie 92/49/EWG des Rates vom 18.6.1992 zur Koordinierung der Rechts- und Verwaltungsvorschriften für die Direktversicherung (mit Ausnahme der Lebensversicherung) sowie zur Änderung der Richtlinien 73/239/EWG und 88/357/EWG (Dritte Richtlinie Schadenversicherung), ABl. 1992 L 228/1; Richtlinie 2002/83/EG des Europäischen Parlaments und des Rates vom 5.11.2002 über Lebensversicherungen, ABl. 2002 L 345/1.

zwangsläufig zu Doppelregelungen und Wiederholungen. Der Umfang der zu erteilenden Informationen nimmt allerdings von Richtlinie zu Richtlinie zu. Mit der Richtlinie über den Fernabsatz von Finanzdienstleistungen hat er ein Ausmaß erreicht, das nur noch schwer zu überbieten ist. Hierbei ist das Ziel der Informationspflichten weitgehend aus dem Blick geraten. Ihr Zweck ist es, wie gesagt, dem Verbraucher eine informierte Entscheidung für oder gegen den ihm angesonnenen oder vorschwebenden Vertrag zu erlauben. Diese Entscheidung hängt typischerweise von den Kernelementen des Vertrags ab. Hierüber muss der Verbraucher informiert werden. Nebensächlichkeiten wie die Registrierungsnummer des Unternehmers bei einer Gewerbeaufsichts- oder einer anderen Behörde spielen für die Entscheidung des Verbrauchers dagegen typischerweise keine Rolle. Trotzdem schreiben die Verbraucherschutzrichtlinien in großem Umfang die Information über solche letztlich unnützen Details vor. Das führt dazu, dass die wirklich wichtigen Informationen in einem Wust von Nichtigkeiten regelrecht untergehen. Damit verfehlen die Informationspflichten allmählich ihren Zweck.

cc) Entschlackung der Informationspflichten

Die Entwicklung lässt sich auch hier wieder an der Richtlinie über den Fernabsatz von Finanzdienstleistungen besonders anschaulich ablesen. Es hätte nahe gelegen, in dieser Richtlinie keine Informationspflichten mehr vorzusehen, sondern auf den ohnehin schon sehr langen Informationspflichtenkatalog der Richtlinie über den Fernabsatz von 1997 zu verweisen. Stattdessen ist dieser Katalog nicht nur übernommen, sondern nahezu verdoppelt worden. Man muss angesichts dieser Entwicklung ernsthaft darüber nachdenken, dem Verbraucher noch eine zusätzliche Information darüber zu geben, welche der zahlreichen Informationen für ihn eigentlich wirklich wichtig sind. Diese Lösung führt die Informationspflichten aber letztlich ad absurdum. Es wäre zweckmäßiger, die Informationspflichten von vornherein auf diese wesentlichen Punkte zu beschränken und die übrigen Informationspflichten aufzugeben. Aus meiner Sicht sind das im Kern die Angabe von Namen und ladungsfähiger Anschrift des Unternehmers, der Wortlaut des Vertrages mit den vereinbarten Geschäftsbedingungen, bei Verträgen, die keine Warenlieferung darstellen, auch eine Übersicht über ihren wesentlichen Inhalt und eine Angabe über die Vertretung des Unternehmers im Mitgliedsstaat, den Kundendienst und eine auf das wesentliche beschränkte Belehrung über das Widerrufsrecht. Alles andere scheint mir unnötig.

dd) Durchsetzung der Informationspflichten

Die Durchsetzung der Informationspflichten ist in den Richtlinien selbst unterschiedlich und überwiegend auch nicht sehr effizient geregelt. Deshalb wirft die EU-Kommission in ihrem Grünbuch zu Recht auch die Frage nach der Notwendigkeit einheitlicher und effizienter Durchsetzungsmechanismen auf. Es liegt auch nahe, dass eine Verletzung von Informationspflichten zu allererst zu einer Verlängerung der Widerrufsfrist führen und möglicherweise auch noch weitergehende Folgen nach sich ziehen sollte. An welche Konsequenzen dabei gedacht wird, lässt das Grünbuch nicht erkennen. Der Hinweis auf die Anwendung der allgemeinen Regeln über schwerwiegende Vertragsverletzungen könnte darauf hindeuten, dass auch Schadensersatzpflichten und Kündigungsregelungen in Betracht gezogen werden. Solche Sanktionen werden dem Unternehmer aber nur zugemutet werden können, wenn die Informationspflichten auf einige wenige, für den Unternehmer auch leicht erfüllbare und für den Verbraucher nützliche Informationen begrenzt werden. Diese können dann auch mit drastischen Mitteln durchgesetzt werden. Aus meiner Sicht bietet sich dazu in erster Linie ein Hinausschieben des Beginns der Widerrufsfrist bis zu dem Zeitpunkt an, in welchem dem Verbraucher die Information erteilt wird. Eine Schadensersatzverpflichtung erscheint demgegenüber nur dann sachgerecht, wenn die Informationspflicht den Verbraucher auch tatsächlich vor einem konkret greifbaren Schaden bewahren soll.[95] Das ist bei den hier als wichtig angesehenen Informationen nicht der Fall. Behalten die Informationspflichtenkataloge aber ihre derzeitige Breite, erscheinen schärfere Sanktionen unangemessen. Auch ein gutwilliger Unternehmer kann nicht sicherstellen, dass er bei den sehr weitgehenden Informationspflichten nicht die eine oder andere Information versäumt. Das legitimiert aber schärfere Sanktionen nur bei der Versäumung wesentlicher Informationen, die zu bestimmen wären.

c) Sichtung und Vereinheitlichung der Rechtsbehelfe des Verbrauchers

aa) Treu und Glauben als allgemeines Rechtsprinzip

In einigen wichtigen Gemeinschaftsrichtlinien wird das Konzept von Treu und Glauben, wenn auch in Gestalt der Angemessenheitsklausel, aus dem kontinentaleuropäischen Zivilrecht übernommen. Dieses Prin-

---

[95] Vgl. etwa Bamberger/Roth-*Schmidt-Räntsch* (Fn. 63), § 312c Rn. 51.

zip wird zwar nicht überall,[96] wohl aber nicht nur in Deutschland als grundlegendes Rechtsprinzip mit allerdings unterschiedlichem Gehalt verstanden, das die gesamte Rechtsordnung durchstrahlt und überall auch dort anzuwenden ist, wo es nicht ausdrücklich erwähnt wird.[97] Von daher liegt es an sich nahe, eine solche Regelung, wie im Grünbuch erwogen, zum Gegenstand einer horizontalen Richtlinie zu machen und allgemein einheitlich festzulegen. Der Inhalt der Gebote von Treu und Glauben und das, was als angemessen verstanden werden muss, ist indessen keineswegs einheitlich. Was Treu und Glauben im Einzelfall wirklich gebieten und was im Einzelfall wirklich angemessen ist, bestimmt sich maßgeblich nach dem rechtlichen Kontext, in dem sich diese Frage stellt. Und die Gebote fallen dementsprechend auch unterschiedlich aus. Geht es etwa um die Angemessenheit einer Vertragsbedingung, so ist Maßstab das allgemeine Vertragsrecht. Es scheidet aber als Maßstab aus, wenn es nicht um den Inhalt des Vertrages, sondern, in einem Wettbewerbsstreit, um die Frage der Angemessenheit oder Unangemessenheit der eingesetzten Geschäftspraktik geht. Hier gelten die aus dem Wettbewerbsrecht und dem Vertragsrecht zu entnehmenden Vorgaben nicht für den Inhalt des Vertrages, sondern etwa für die Information des Verbrauchers oder das Verhalten bei Werbung. Das Ergebnis kann und wird in aller Regel nicht dasselbe sein. Diese Differenzierung müsste eine horizontale Regelung deutlich zum Ausdruck zu bringen. Es wäre z. B. nicht möglich, eine Schadensersatzhaftung ohne weiteres auch an den Verstoß gegen die Regeln des unlauteren Wettbewerbs zu knüpfen.

bb) Allgemeine Rechtsbehelfe bei Vertragsbruch

In ihrem Grünbuch gibt die Kommission zu erwägen, die Regelungen über Beschwerden, Rückgabe, Preisnachlässe und Garantien oder zur Klärung von Unstimmigkeiten zu vereinheitlichen.[98] Hierbei geht es nicht um technische Details der Gewerbeausübung durch den Unternehmer, sondern um die Folgen von Leistungsstörungen. Eine Vereinheitlichung ist deshalb nicht ohne Eingriffe in das allgemeine Leistungsstörungsrecht

---

[96] Zum angloamerikanischen Recht: *Gordley*, The Future of European Contract Law on the Basis of Europe's Heritage, ERCL 2005, 163, 169 ff.

[97] Vgl. nur *Krebs*, in: Anwaltkommentar zum Bürgerlichen Gesetzbuch (2005), § 242 Rn. 34 f.; *Röthel*, Die Konkretisierung von Generalklauseln, in: Riesenhuber (Hrsg.), Handbuch zur Europäischen Methodenlehre (2006), § 12 Rn. 38; *Riesenhuber* (Fn. 4), § 20 insbes. Rn. 571 f.

[98] Grünbuch der Kommission „Die Überprüfung des gemeinschaftlichen Besitzstands im Verbraucherschutz" v. 8.2.2007 – KOM(2006) 744 endg. S. 25 f.

der Mitgliedstaaten zu erreichen. Vertretbar sind solche Eingriffe aber nur, wenn sie nicht einseitig nur zugunsten des Verbrauchers gestaltet werden. Es müssten ferner die Ansprüche des Unternehmers gegen den Verbraucher bedacht werden. Schließlich wird das Verhältnis der Unternehmer untereinander nicht völlig ausgeblendet werden können. Das zeigt Art. 4 der Kaufrechtsrichtlinie, der dem Unternehmer den Rückgriff gegen den Unternehmer sichern soll, dem der Mangel letztlich zuzurechnen ist.

cc) Allgemeiner Anspruch auf Schadensersatz bei Vertragsbruch

Das zuvor Ausgeführte gilt erst recht für den weiter in dem Grünbuch erwogenen allgemeinen Anspruch des Verbrauchers auf Schadensersatz wegen Vertragsbruch.[99] Ein solcher Anspruch kann ebenfalls nicht sinnvoll geregelt werden, ohne sich zugleich mit seinen dogmatischen Grundlagen zu befassen. Er ist die Grundlage der Principles of European Contract Law (PECL) und war auch die Grundlage der Arbeiten an dem Referenzrahmen, die die Kommission in Auftrag gegeben hat. Zentraler Punkt der Regelung eines solchen Anspruchs ist die Frage, worin der Vertragsbruch eigentlich besteht. Zu klären wäre, ob nur die Hauptpflichten oder auch Schutzpflichten diesen Anspruch auslösen, ob ein Anspruch auf Schadensersatz Verschulden voraussetzt und ob dieses vermutet wird oder nicht.

Auch die Rechtsfolgen eines solchen Anspruchs sind keine technischen Einzelheiten, die man so oder auch anders regeln kann. Die Verletzung von Schutzpflichten zieht nämlich im Allgemeinen nur den Ersatz des negativen, nicht aber den Ersatz des positiven Interesses nach sich. Im deutschen Recht ist ein Verzögerungsschaden anerkannt. Im Recht der anderen Mitgliedsstaaten ist das keineswegs, jedenfalls keineswegs uneingeschränkt der Fall. Das zeigen die sehr zurückhaltenden Bestimmungen der Zahlungsverzugsrichtlinie, die aufzeigen, in welchen engen Grenzen eine Harmonisierung des allgemeinen Leistungsstörungsrechts unter den Mitgliedsstaaten bislang erreichbar war. Schadensersatz statt der Leistung setzt nach deutschem Recht jedenfalls einen Versuch um Abhilfe voraus. Beides ist im Übrigen auch in der Pauschalreise- und der Kaufrechtsrichtlinie vorgesehen, die derzeit schon Rechtsbehelfe des Verbrauchers bei Leistungsstörungen des Unternehmers behandeln.

---

[99] Grünbuch der Kommission „Die Überprüfung des gemeinschaftlichen Besitzstands im Verbraucherschutz“ v. 8.2.2007 – KOM(2006) 744 endg. S. 26.

2. Einführung eines „Knopfdrucks nach Europa"

a) Problem des anwendbaren Rechts

aa) Ausgangslage

Grenzüberschreitende Verträge von Unternehmern mit Verbrauchern unterliegen regelmäßig zwei Rechtsordnungen, der Rechtsordnung des Unternehmers und der Rechtsordnung des Verbrauchers. Nach (dem harmonisierten) Art. 28 EGBGB ist zwar Vertragsstatut das Recht desjenigen, der die vertragstypische Leistung erbringt. Das ist regelmäßig der Unternehmer, der die Sachleistung erbringt. Nach (den ebenfalls harmonisierten) Art. 29, 29a EGBGB darf aber der Verbraucherrechtsstandard im Recht des Staates, in welchem der Verbraucher seinen Wohnsitz oder ständigen Aufenthalt hat, jedenfalls dann nicht unterschritten werden, wenn der Vertrag in diesem Land angebahnt worden ist.[100] Der Unternehmer muss also bei grenzüberschreitenden Verträgen mit Verbrauchern stets prüfen, ob das Recht an seinem Sitz und die von ihm vorgesehenen danach zulässigen Abweichungen durch Vertrag dem Verbraucherrechtsstandard der Mitgliedstaaten entsprechen, in denen seine Verbraucherkunden ansässig sind. Die Verbraucher wiederum können zwar davon ausgehen, dass der in einem anderen Mitgliedstaat ansässige Unternehmer den heimischen Verbraucherschutzstandard nicht unterschreiten darf. Im Übrigen aber gilt das dem Verbraucher regelmäßig unbekannte Recht an dessen Sitz.

bb) Herkunftslandprinzip, ROM I-Verordnung

An dieser Ausgangslage würde sich weder durch die Einführung des von der EU-Kommission in ihrem Grünbuch erwogenen Herkunftslandsprinzips noch durch die zu erwartende ROM I-Verordnung[101] etwas substantiell ändern. Das Herkunftslandsprinzip entspricht nämlich, bezogen auf das Vertragsrecht, der Regelanknüpfung nach Art. 28 EGBGB (künftig: Art. 4 ROM I-Verordnung) und führt zur Maßgeblichkeit des Rechts des Unternehmers. Dieses könnte dann zwar, abweichend von den Regeln des geltenden IPR, für die gesetzlichen Ansprüche gegen den Unternehmer maßgeblich sein, soweit sie mit vertraglichen Ansprüchen

---

[100] Vgl. dazu Erman-*Hohloch* (Fn. 26), Art. 29 EGBGB Rn. 9 ff.

[101] Vorschlag der EU-Kommission für eine Verordnung des Europäischen Parlaments und des Rates über das auf vertragliche Schuldverhältnis anzuwendende Recht (Rom I) v. 15.12.2005 – KOM(2005) 650 endg. – 2005/0261 (COD), aktuelle Fassung der politischen Einigung in Rats-Dokument 15832/07 v. 3.12.2007.

konkurrieren. Nach den in der E-Commerce-[102] und der Dienstleistungsrichtlinie[103] getroffenen Ausnahmeregelungen würde sich aber an der Sonderanknüpfung des Verbraucherrechts nichts ändern. Diese Sonderanknüpfung würde durch die zu erwartende ROM I-Verordnung voraussichtlich leicht verschärft, weil sie eine Sonderanknüpfung des Verbraucherrechts schon dann vorschreiben wird, wenn der Unternehmer eine berufliche oder geschäftliche Tätigkeit ausübt oder eine solche Tätigkeit auf diesen Staat ausrichtet (Art. 5 i.d.F. der politischen Einigung vom Dezember 2007). An dem Grundproblem der Anwendbarkeit zweier Rechtsordnungen für zentrale Bereiche des Vertrags änderte sich damit nichts.

cc) Handelshemmnis

Dieser Umstand kann sich als Handelshemmnis auswirken. Er erschwert dem Unternehmer den Vertrieb seiner Waren oder Dienstleistungen in anderen Mitgliedstaaten. Er müsste sich darüber beraten lassen, welche Auswirkungen die Anwendung des Verbraucherrechtsstandards in den Ländern, in denen seine Kunden ansässig sind, haben und seine Geschäftsbedingungen auch in dieser Hinsicht überprüfen lassen. Das ist aufwendig, weil dazu das ausländische Recht und seine Rechtspraxis ermittelt werden müssen. Dem Verbraucher geht es nicht anders. Er kann zwar davon ausgehen, dass der heimische Verbraucherrechtsstandard nicht unterschritten werden darf. Das ändert aber nichts daran, dass sich die Vertragsabwicklung nach dem Recht des ausländischen Unternehmers richtet. Ungünstig daran ist nicht, dass der Verbraucher dieses nicht kennt. Denn er wird sich regelmäßig auch in seinem Recht nicht auskennen. Entscheidend ist vielmehr, dass sich der Verbraucher nicht mehr ohne weiteres beraten lassen kann. Rechtsanwälte werden das ausländische Recht erst ermitteln müssen. Die Verbraucherzentralen werden das nicht leisten können. Diese Schwierigkeiten können von der Nutzung der Marktfreiheiten abschrecken. Nach den Feststellungen der EU-Kommission in ihrem Grünbuch ist bereits jetzt zu beobachten, dass nicht wenige Unternehmer

---

[102] Richtlinie 2000/31/EG des Europäischen Parlaments und des Rates vom 8.6.2000 über bestimmte rechtliche Aspekte der Dienste der Informationsgesellschaft, insbesondere des elektronischen Geschäftsverkehrs, im Binnenmarkt („Richtlinie über den elektronisches Geschäftsverkehr"), ABl. 2000 L 178/1.

[103] Richtlinie 2006/123/EG des Europäisches Parlaments und des Rats vom 12.12.2006 über Dienstleistungen im Binnenmarkt, ABl. 2006 L 376/36.

ihre Websites nur dem heimischen Publikum öffnen und Bestellungen ausländischer Kunden nicht annehmen wollen.[104]

b) Der Knopfdruck nach Europa

aa) Grundidee

Diese Schwierigkeit lässt sich mit dem Konzept eines Euro-Buttons lösen, das *Schulte-Nölke*[105] entwickelt hat. Unternehmern und Verbrauchern soll die Möglichkeit gegeben werden, durch Klicken eines Euro-Buttons auf der Website des Unternehmers ein einheitliches europäisches Recht für ihren Vertrag zu wählen. Das entspricht in der Sache dem Konzept eines optionalen Regimes aus dem Aktionsplan der EU-Kommission. Die EU würde durch EU-Verordnung[106] ein einheitliches Vertragsrecht für grenzüberschreitende Verträge festlegen, das bei einer entsprechenden Wahl als EG-Einheitsrecht an die Stelle sowohl des Rechts am Sitz des Unternehmers als auch an die Stelle des Verbraucherrechts am Wohnsitz des Verbrauchers treten würde. Die Schaffung eines solchen Regimes würde die aufgezeigten Hemmnisse beheben. Unternehmer und Verbraucher hätten dann nämlich die Möglichkeit, ein einheitliches Vertragsregime zu wählen, über das sie sich in ihrem Heimatland zu Bedingungen informieren können, die denen ihres Heimatrechts entsprechen. Dieses Regime stünde nämlich in allen Mitgliedstaaten als einheitliches Ersatzvertragsrecht zur Verfügung. Dieser Umstand gibt den Rechtsanwälten und Verbraucherberatungsstellen in allen Mitliedstaaten der Union einen wirtschaftlichen Anreiz, sich in dieses Regime wie in das Inlandsrecht einzuarbeiten und Beratungsleistung zu den gleichen Bedingungen anzubieten wie Rechtsberatung zum Inlandsrecht. Hinzukommt, dass beide Vertragsparteien dann davon ausgehen können, dass „ihr" Recht gilt. Das schafft auch das nötige Zutrauen zu dem Kontakt mit dem ausländischen Vertragspartner.

---

[104] Grünbuch der Kommission „Die Überprüfung des gemeinschaftlichen Besitzstands im Verbraucherschutz" v. 8.2.2007 – KOM(2006) 744 endg. S. 7 f.

[105] Erser Ansatz in: EG-Verbraucherrechtskompendium, – Rechtsvergleichende Studie – S. 842 f., abrufbar unter : http://ec.europa.eu/consumers/cons_int/safe_shop/acquis/comp_analysis_de.pdf; *Schulte-Nölke*, Europäisches Vertragsrecht als blauer Button im Internet-Shop, ZGS 2007, 81 nur knapp, ausführlich *ders.*, EC-Law on the Formation of Contract – from the Common Frame of Reference to the ‚Blue Button', ERCL 2007, 332, 348 ff.

[106] *Schmidt-Räntsch,* Der wissenschaftliche CFR auf dem Weg zum gelebten Binnenmarkt, ZGS 2008, 1; vgl. auch *Basedow,* AcP 200 (2000), 445, 479.

bb) Umsetzungsanforderungen

Ein solches anklickbares Regime lässt sich nur erreichen, wenn die Rechte und Pflichten der Parteien im Wesentlichen erschöpfend geregelt werden. Dazu wäre es zwar nicht notwendig, auch denkbare konkurrierende Ansprüche einzubeziehen. Die Leistungspflichten und die Regelungen über Leistungsstörungen müssten in diesem Regime aber schon abschließend geregelt werden. Dabei dürfte man stehen bleiben. Auch der Vertragsschluss und die gemeinschaftsrechtlichen Vorgaben zum Schutz des Verbrauchers müssten in unmittelbar geltende einheitliche Regelungen aufgenommen werden.

cc) Umsetzungsmöglichkeiten

(1) Umfassendes Regime

Ein solches Regime kann eine umfassende Vertragsrechtsordnung sein. Sie stünde für jedweden grenzüberschreitenden Vertrag zur Verfügung. Sie würde das nationale Vertragsrecht der Mitgliedstaaten, in denen Unternehmer und Verbraucher ihren Sitz haben, in vollem Umgang ersetzen. Der Vorteil einer solchen Lösung liegt auf der Hand: Die Parteien könnten auf ein umfassendes in sich geschlossenes Regime zurückgreifen. Ein Rückgriff auf das Heimatrecht eines der Beteiligten wäre entbehrlich. Die Schwierigkeit besteht aber darin, ein solches umfassendes Regime zu entwickeln. Grundlage hierfür könnten Regelwerke wie die European Principles of Contract Law, die UNIDROIT-Principles, die Vorschläge der Gandolfi-Gruppe[107] oder eben der wissenschaftliche GRR sein. Praktische Erfahrungen mit der Verwendung dieser Regelwerke in konkreten Verträgen liegen bislang nur für die UNIDROIT-Principles vor, die im Jahre 2004[108] zu ihrer Fortschreibung[109] geführt haben. Sowohl die UNIDROIT-Principles als auch die European Principles haben den Acquis Communautaire im Gemeinschaftszivilrecht bislang nicht aufgenommen.

---

[107] *Gandolfi* (Hrsg.), Code Européen des Contracts – Avant-projet (3. Aufl. 2002).

[108] International Institute for the Unification of Private Law (UNIDROIT), UNIDROIT Principles of international commercial contracts, 2004.

[109] Dazu *Drobnig*, Der Stand der internationalen Überlegungen: Die UNIDROIT Principles of International Commercial Contracts, in: Grundmann/Medicus/Rolland (Hrsg.), Europäisches Kaufgewährleistungsrecht (2000), S. 49 ff.

(2) Schrittweise Einführung

Denkbar wäre aber auch die Beschränkung eines solchen Regimes auf einzelne Vertragstypen, die für den grenzüberschreitenden Handel von besonderer Bedeutung sind. Es böte sich z. B. an, mit dem grenzüberschreitenden Warenkauf zu beginnen. Hier steht mit dem Wiener UN-Kaufrecht eine erprobte Einheitsrechtsordnung zur Verfügung, auf der zudem auch die Kaufrechtsrichtlinie aufbaut.[110] Dieses Übereinkommen gilt schon jetzt für grenzüberschreitende Warenkäufe unter Kaufleuten in der Gemeinschaft, wenn diese versäumt haben, seine Geltung auszuschließen. Eine Ausnahme bilden nur Großbritannien und Irland, die dieses Übereinkommen nicht ratifiziert haben. Seine Vorschriften könnten – an die Kaufrechtsrichtlinie angepasst – übernommen und um Bestimmungen zum Vertragsschluss sowie zum Widerrufsrecht ergänzt werden. Würde man diese Vorschriften nach dem Vorbild der Kaufrechtsrichtlinie zwingend ausgestalten, wären Vorschriften zur Kontrolle von AGB auf der Grundlage der Klauselrichtlinie entbehrlich.

Bei diesem Ansatz würde das Vertragsrechtsregime nahezu vollständig vereinheitlicht. Allerdings würde das einen Rückgriff auf konkurrierende Ansprüche nach dem Recht der Mitgliedstaaten nicht ausschließen, das wiederum nach den Regeln des IPR zu bestimmen wäre. Ein solcher Rückgriff ist aber die Ausnahme, da das Wiener UN-Kaufrecht und ein auf ihm aufbauendes Einheitsregime die wesentlichen und praktisch relevanten Fragen regeln würde.

(3) Ausdehnung auf andere Vertragstypen

Dieses Modell müsste sich nicht auf ein einheitliches Regime für den grenzüberschreitenden Warenkauf beschränken. Es ist erweiterungsfähig und könnte nach und nach auf andere Vertragstypen ausgedehnt werden. So stehen beispielsweise in den internationalen Transportrechtsabkommen[111] in der Praxis erprobte Vorlagen für Transportverträge zur Verfügung. Auch

---

[110] *Grundmann,* ERCL 2005, 184, 202.

[111] Etwa Übereinkommen über den Beförderungsvertrag im internationalen Straßengüterverkehr (CMR) vom 19.5.1956, BGBl. II 1961, 1119 mehrfach geändert; Übereinkommen über den internationalen Eisenbahnverkehr (COTIF) vom 9.5.1980 in der Fassung des Änderungsprotokolls vom 3.6.1999, BGBl. II 2002, 2149; Übereinkommen zur Vereinheitlichung bestimmter Vorschriften über die Beförderung im internationalen Luftverkehr (Montrealer Übereinkommen) vom 28.5.1999, BGBl. II 2004, 458, nebst Durchführungsgesetz vom 6.4.2004, BGBl. I 2004, 550.

im Pauschalreise- oder Versicherungsvertragsrecht erscheint die Schaffung von Einheitsrecht möglich.

c) Entwicklung eines Europäischen Zivilrechts

aa) Wählbarkeit auch für Inlandsverträge

Der Knopfdruck nach Europa ist an sich für grenzüberschreitende Verträge gedacht. Denn hier würde das mit ihm wählbare Einheitsstatut praktische Erleichterung bringen. Für die Unternehmer könnte es sich allerdings anbieten, dieses Einheitsregime auch für Inlandsverträge zu wählen, um die Transaktionskosten gering zu halten. Der Unternehmer könnte dann alle seine Verträge nach einheitlichen Regeln abwickeln und Kosten sparen. Es spricht auch nichts dagegen, dem Unternehmer die Möglichkeit zu geben, dieses Regime in Verträgen mit inländischen Unternehmern zu vereinbaren.[112] Für Verträge mit ausländischen Unternehmern würde es in Gestalt des Wiener UN-Kaufrechts ohnehin gelten. Damit träte das Einheitsregime in einen Wettbewerb mit den Kaufrechtsregimen der Mitgliedstaaten. Dies würde auf längere Sicht zu einer Angleichung der Vorschriften führen. Schon auf mittlere Sicht ist aber eine Annäherung rechtlicher Strukturen zu erwarten. Denn das Einheitsregime wäre von den Gerichten der Gemeinschaft und den Gerichten der Mitgliedstaaten gemeinsam anzuwenden und auszulegen.

bb) Entwicklung einer gemeinsamen Rechtssprache

Durch die Erstreckung des Einheitsregimes auf Inlandsverträge und seine schrittweise Erweiterung auf andere Vertragstypen ließe sich auch eine gemeinsame Rechtssprache entwickeln. Ihr Fehlen gehört zu den wesentlichen Hindernissen, auf die Unternehmen immer wieder stoßen. Dabei geht es nicht so sehr um das Sprachenproblem, das die europäische Union immer wieder beschäftigt. Es geht vielmehr darum, dass die verschiedenen Rechtsbegriffe in den Rechtsordnungen der EU und der Mitgliedstaaten einen unterschiedlichen Inhalt haben, und zwar auch dann, wenn sie äußerlich gleich aussehen. So hat man beispielsweise keine Schwierigkeit, den deutschen Begriff Schaden mit dem englischen Begriff Damages übersetzen. Geht dann aus dem abgeschlossenen Vertrag ein Streit vor, stellt sich nicht selten heraus, dass der Begriff Schaden im deutschen Recht einen ganz anderen Inhalt hat als etwa im englischen Recht. Gro-

---

[112] So schon *Grundmann,* ERCL 2005, 184, 205.

ße Unternehmen werden sich entsprechenden Sachverstand einkaufen können, um solche Überraschungen zu vermeiden. Kleine Unternehmen müssen ihre Verträge gegebenenfalls mit Hilfe ihres Hausanwalts selbst aushandeln. Durch die Anwendung eines EG-Einheitsrechts würde sich ein gemeinsames Verständnis von dessen Schlüsselbegriffen entwickeln und im Ergebnis zu einer gemeinsamen europäischen Rechtssprache führen.

cc) Austausch von Entscheidungen

Hierzu wird aber unabhängig von der Schaffung eines EG-Einheitsrechts für einzelne Vertragstypen auch die Entscheidungsdatenbank beitragen, auf deren Einrichtung sich die Präsidenten der Obersten Gerichtshöfe der Mitgliedsstaaten (im Rahmen des Réseau des Présidents des Cours Suprêmes judiciAres de l'Union européenne) verständigt haben. In diese Entscheidungsdatenbank sollen höchstrichterliche Entscheidungen eingestellt werden. Sie werden im Volltext nur in der Landessprache, aber künftig alle in englischen Abstracts zur Verfügung stehen.[113] Das hat zur Folge, dass jeder Richter in den Mitgliedsstaaten die Entscheidungen der anderen Mitgliedsstaaten zumindest in diesen Abstracts zur Kenntnis nehmen und sich gegebenenfalls auch durch Beschaffung der Volltexte weiter informieren kann.

Dazu – und das führt zum Thema zurück – müssen Suchkriterien entwickelt werden, anhand derer der nationale Richter die ihn interessierenden Fragen der anderen Gerichtshöfe der Mitgliedsstaaten ausfindig machen kann. Diese Suchkriterien werden aber nicht der Rechtsordnung entnommen werden können, unter der die jeweilige Entscheidung entstanden ist. Denn ein solches Suchkriterium ist nur für die Angehörigen der eigenen Rechtsordnung interessant, nicht aber für den ausländischen Juristen, der mit ihr nicht vertraut ist. Es werden deshalb rechtsordnungsübergreifende Kriterien entwickelt werden müssen. Ob dies die Artikel der jeweils umgesetzten Richtlinie oder ob das allgemeine juristische Begriffe wie Rücktritt und Kündigung, Sachmängel beim Kauf und andere sind, in jedem Fall sind diese Suchkriterien die Grundlage für eine gemeinsame Begrifflichkeit und für einen Überblick über die Strukturen des Vertragsrechts. Sie werden der Schaffung eines einheitlichen Europäischen Zivilrechts den Weg bereiten.

---

[113] Die Webadresse lautet: www.network-presidents.eu. Die Entscheidungen sind dort derzeit nur in der Landessprache abrufbar.

Die Anwendung allgemeiner Grundsätze des Gemeinschaftsrechts in Privatrechtsbeziehungen*

Dieter Kraus

Übersicht

---

* Gastvorlesung am 13. Juni 2007 an der Juristischen Fakultät der Ruhr-Universität Bochum. Für den Druck wurde der Text aktualisiert (Dezember 2007) und um einige Fußnoten ergänzt. Die vertretenen Auffassungen sind ausschließlich solche des Verfassers.

I. Einführung

Das Thema der Anwendung allgemeiner Grundsätze des Gemeinschaftsrechts in Privatrechtsbeziehungen scheint auf den ersten Blick keine besonderen Schwierigkeiten zu bergen. Warum sollte es problematisch sein, allgemeine Rechtsgrundsätze, die in gewisser Weise nichts weiter sind als Ausprägungen fundamentaler Gerechtigkeitsvorstellungen, auch in Bezug auf Rechtsvorschriften heranzuziehen, die das Verhältnis privater Rechtsträger zueinander regeln? Wenn man sich allerdings daran erinnert, welche Schwierigkeiten die Anwendung von Grundrechten in solchen Konstellationen mit sich bringt, und wenn man sich zudem vergegenwärtigt, dass zu den allgemeinen Grundsätzen des Gemeinschaftsrechts auch die Grundrechte zählen, dann tritt die Komplexität der Fragestellung rasch zutage.

Um diese Thematik angemessen zu behandeln, soll zunächst etwas genauer auf Begriff und Bestand der allgemeinen Grundsätze des Gemeinschaftsrechts eingegangen sowie einige Charakteristika von Privatrechtsbeziehungen angesprochen werden (II.). Sodann bietet das Urteil *Mangold*[1] Anschauungsmaterial, um den Umgang des Gerichtshofes der Europäischen Gemeinschaften (EuGH) mit dieser Problematik aufzuzeigen (III.). Ferner mag ein Vergleich mit der horizontalen bzw. Privatwirkung von Richtlinien und Grundfreiheiten nützlich sein (IV.), um daran anschließend einige grundsätzliche Bemerkungen dazu machen, warum und inwieweit allgemeine Grundsätze des Gemeinschaftsrechts auch in Privatrechtsbeziehungen zur Anwendung kommen können und sollen (V.).

II. Zu den Begriffen „Allgemeine Grundsätze des Gemeinschaftsrechts" und „Privatrechtsbeziehungen"

1. Allgemeine Grundsätze des Gemeinschaftsrechts

Begriff, Bestand und Funktionen der allgemeinen Grundsätze des Gemeinschaftsrechts sind sehr stark von der Gemeinschaftsgerichtsbarkeit her geprägt. Diese Grundsätze (general principles of EU law, principes généraux du droit communautaire) werden auf der Grundlage von Art. 220 EG, d.h.

---

[1] EuGH v. 22.11.2005 – Rs. C-144/04 *Mangold*, Slg. 2005, I-9981.

des dem EuGH anvertrauten Rechtsprechungsauftrages, entwickelt und sind grundsätzlich dem primären Gemeinschaftsrecht zuzurechnen.[2]

a) Begriff

Der Begriff der „allgemeinen Grundsätze des Gemeinschaftsrechts" wird in den EG/EU-Verträgen verwendet, aber nicht definiert. In Art. 6 Abs. 2 EU ist davon die Rede, dass die Europäische Union die Grundrechte achtet, wie sie in der EMRK gewährleistet sind und wie sie sich aus den gemeinsamen Verfassungsüberlieferungen der Mitgliedstaaten „als allgemeine Grundsätze des Gemeinschaftsrechts ergeben". Gemäß Art. 288 EG bestimmt sich die außervertragliche Haftung der Gemeinschaft „nach den allgemeinen Rechtsgrundsätzen, die den Rechtsordnungen der Mitgliedstaaten gemeinsam sind". Während sich somit aus Art. 6 Abs. 2 EU schließen lässt, dass es einen gemeinschaftsrechtlichen Begriff der allgemeinen Rechtsgrundsätze gibt, verweist Art. 288 Abs. 2 EG demgegenüber auf allgemeine Rechtsgrundsätze im nationalen Recht der Mitgliedstaaten. Art. 288 Abs. 2 EG ist für einen gemeinschaftsrechtlichen Begriff der allgemeinen Rechtsgrundsätze daher letztlich wenig aussagekräftig, sofern man nicht von der Existenz übereinstimmender Haftungsregelungen in den Mitgliedstaaten auf das Vorhandensein entsprechender Regelungen auf der Ebene des Gemeinschaftsrechts in Form allgemeiner Rechtsgrundsätze schließen möchte.

Allgemeine Grundsätze des Gemeinschaftsrechts sind ungeschriebene Regelungen des Gemeinschaftsrechts, die das geschriebene (primäre und sekundäre) Gemeinschaftsrecht ergänzen. In diesem Sinne bestimmt sich der Prüfungsmaßstab des EuGH für die Überprüfung gemeinschaftsrechtlicher Maßnahmen gemeinhin wie folgt: „Die Europäische Gemeinschaft ist eine Rechtsgemeinschaft, in der die Handlungen ihrer Organe daraufhin kontrolliert werden, ob sie mit dem EG-Vertrag und den allgemeinen Rechtsgrundsätzen, zu denen auch die Grundrechte gehören, vereinbar sind."[3]

Im Hinblick auf ihren „grundsätzlichen" Charakter handelt es sich bei den allgemeinen Grundsätzen des Gemeinschaftsrechts um für die Gemeinschaftsrechtsordnung besonders wichtige Aussagen, die in einem

---

[2] Vgl. *Tridimas,* The General Principles of EU Law (2. Aufl. 2006), S. 51; GA *Mazák,* Schlussanträge v. 15.02.2007 – Rs. C-411/05 *Palacios de la Villa,* (noch nicht in Slg.) Rn. 136.

[3] St. Rspr., bspw. EuGH v. 18.1.2007 – Rs. C-229/05 P *PKK und KNK ./. Rat,* Slg. 2007, I-439 Rn. 109.

nationalstaatlich-verfassungsrechtlichen Kontext üblicherweise als „rechtsstaatliche" Grundsätze bezeichnet würden. Mangels staatlichen Charakters der EG/EU passt diese Ausdrucksweise hier indes wenig und die einzelnen allgemeinen Grundsätze des Gemeinschaftsrechts werden daher gemeinhin nicht unter einem übergeordneten Prinzip der Rechtsstaatlichkeit zusammengefasst. In der Sache jedoch sind die allgemeinen Grundsätze des Gemeinschaftsrechts rechtsstaatliche Prinzipien, wie es auch in der Rechtsprechung anklingt, wenn der in Art. 6 Abs. 1 EU anzutreffende Begriff der Rechtsstaatlichkeit mit der Wahrung der allgemeinen Grundsätze des Gemeinschaftsrechts in Verbindung gebracht wird.[4]

b) Bestand und Funktionen

Wegen ihres ungeschriebenen Charakters und ihrer schrittweisen Herausarbeitung im Wege des *case-law* ist eine abschließende Aufzählung der allgemeinen Grundsätze des Gemeinschaftsrechts nicht möglich. Einige Anhaltspunkte ergeben sich immerhin daraus, dass die allgemeinen Grundsätze des Gemeinschaftsrechts häufig auf nationalen Rechtsgrundsätzen beruhen. Allerdings kann es einen allgemeinen Grundsatz des Gemeinschaftsrechts auch dann geben, wenn sich keine genaue Entsprechung in allen Mitgliedstaaten findet oder wenn dieser Grundsatz in den Mitgliedstaaten unterschiedlich ausgestaltet ist.[5]

Die wichtigsten allgemeinen Grundsätze des Gemeinschaftsrechts sind sicherlich die Grundrechte, schon wegen ihrer ausdrücklichen Charakterisierung als solche im EU-Vertrag.[6] Darüber hinaus gibt es

---

[4] „Vorab ist darauf hinzuweisen, dass die Union nach Art. 6 EUV auf dem Grundsatz der Rechtsstaatlichkeit beruht und die Grundrechte, wie sie in der EMRK gewährleistet sind und wie sie sich aus den gemeinsamen Verfassungsüberlieferungen der Mitgliedstaaten ergeben, als allgemeine Grundsätze des Gemeinschaftsrechts achtet. Folglich unterliegen die Organe der Kontrolle, ob ihre Handlungen mit den Verträgen und den allgemeinen Rechtsgrundsätzen vereinbar sind; Gleiches gilt für die Mitgliedstaaten, wenn sie das Recht der Union durchführen." (EuGH v. 3.5.2007 – Rs. C-303/05 *Advocaten voor de Wereld*, Slg. 2007, I-3633 Rn. 45). Siehe auch EuGH v. 27.2.2007 – Rs. C-354/04 P *Gestoras Pro Amnistía u.a. ./. Rat*, Slg. 2007, I-1579 Rn. 51; EuGH v. 27.2.2007 – Rs. C-355/04 P *Segi u.a. ./. Rat*, Slg. 2007, I-1657 Rn. 51.

[5] Siehe die anschauliche Formulierung von *Tridimas* (Fn. 2), S. 6: „In short, the general principles of law are children of national law but, as brought up by the Court, they become *enfants terribles*: they are extended, narrowed, restated, transformed by a creative and eclectic judicial process".

[6] Näher zu den EU-Grundrechten *Kraus*, Grundrechtsschutz in der Europäischen

eine inzwischen erhebliche Zahl weiterer, durchaus unterschiedlicher allgemeiner Grundsätze des Gemeinschaftsrechts. Dazu werden vielfach das Diskriminierungsverbot und das Verhältnismäßigkeitsprinzip gezählt, ferner die Grundsätze der Rechtssicherheit, des Vertrauensschutzes und des Verbots der Rückwirkung bzw. das Gebot der rückwirkenden Anwendung milderer strafrechtlicher Regelungen.[7] Eine weitere große Gruppe lässt sich unter dem Oberbegriff der Verteidigungsrechte (im behördlichen und gerichtlichen Verfahren) bzw. unter dem der guten Verwaltung iSv Art. 41 GRC (Anhörung, Akteneinsicht, Begründung von Maßnahmen, Vertraulichkeits- und Geheimnisschutz, Auskunftsverweigerung) zusammenfassen.[8]

Einige dieser Grundsätze sind auch, in mehr oder minder großem Umfang, im Primär- und/oder Sekundärrecht verankert, manchmal bereits seit den Gründungsverträgen (bspw. das allgemeine Diskriminierungsverbot[9]) oder erst später im Zuge von Vertragsänderungen (bspw. das Verhältnismäßigkeitsprinzip[10]). Teils sind die allgemeinen Grundsätze des Gemeinschaftsrechts aus positiv-rechtlichen Ansätzen im Primär- oder Sekundärrecht entwickelt worden, teils sind richterrechtlich entwickelte Grundsätze in das geschriebene Recht übernommen worden.[11]

Der soeben beschriebenen Vielfalt der allgemeinen Grundsätze des Gemeinschaftsrechts entspricht der Facettenreichtum ihrer Funktionen. Allgemeine Grundsätze des Gemeinschaftsrechts können der Lückenfüllung dienen, sie können als Auslegungshilfe nützlich sein, um sich neu stellende Rechtsfragen zu beantworten, sie können als Prüfungsmaßstab herangezogen werden, um die Gemeinschaftsrechtskonformität von Maßnahmen der EG/EU-Organe oder der Mitgliedstaaten zu verifizieren, sie können die Grundlage für einen Rechtsbehelf darstellen. Sie dienen damit dem Ausbau und der Vervollständigung der gemeinschaftsrechtlichen Rechts-

---

Union, in: EMRK/GG – Konkordanzkommentar zum europäischen und deutschen Grundrechtsschutz (2006), Kapitel 3; *Rengeling/Szczekalla*, Grundrechte in der Europäischen Union – Charta der Grundrechte und Allgemeine Rechtsgrundsätze (2004).

[7] Im Einzelnen siehe *Tridimas* (Fn. 2), *passim; Groussot*, General Principles of Community Law (2006), *passim.*

[8] Zum Ganzen siehe auch *Skouris/Kraus*, Die Bedeutung der Grundfreiheiten und Grundrechte für das europäische Wettbewerbsrecht, in: Münchener Kommentar zum Europäischen und Deutschen Wettbewerbsrecht, Bd. 1: Europäisches Wettbewerbsrecht (2006), Rn. 382 ff., 414 ff.

[9] Siehe Art. 7 EWG-Vertrag, jetzt Art. 12 EG.

[10] Siehe Art. 5 Abs. 3 EG.

[11] Ausführlich *Schilling*, Bestand und allgemeine Lehren der bürgerschützenden allgemeinen Rechtsgrundsätze des Gemeinschaftsrechts, EuGRZ 2000, 3, 28 ff.

ordnung, ferner auch der Rechtsfortbildung und der Reaktion auf neue oder veränderte soziale und politische Umstände. Sicherlich treffen diese Funktionen nicht auf alle allgemeinen Grundsätze des Gemeinschaftsrechts gleichermaßen zu; dem steht schon die Unterschiedlichkeit ihres jeweiligen Inhalts entgegen.

Angesichts dessen lässt sich auch nicht *generell* sagen, dass die allgemeinen Grundsätze des Gemeinschaftsrechts der unmittelbaren Wirkung fähig sind oder nur in bestimmten Rechtsbeziehungen zur Anwendung kommen können; darüber muss jeweils einzeln befunden werden. Allgemeine Grundsätze des Gemeinschaftsrechts bezeichnen in erster Linie eine spezifische Regelungsform und nicht so sehr einen bestimmten Inhalt. Sie können hinsichtlich ihres Inhalts und des Grades ihrer Vollständigkeit erheblich variieren; sie reichen von Auslegungsvorgaben bis hin zu voll ausgefüllten Normen wie den Grundrechten oder dem Verhältnismäßigkeitsprinzip.[12]

2. *Charakteristika von Privatrechtsbeziehungen*

Privatrechtsbeziehungen sind rechtlich geregelte Beziehungen zwischen privaten Rechtsträgern, seien es natürliche oder juristische Personen. Der Unterschied zu öffentlich-rechtlich geregelten Rechtsbeziehungen liegt vor allem in dem Aspekt der Privatautonomie bzw. darin, dass private Rechtsträger einer Reihe von Bindungen, die für das Öffentliche Recht typisch sind, nicht unterliegen. Das heißt jedoch nicht, dass Privatrechtsbeziehungen von rechtlichen Vorgaben bzw. staatlicher Intervention frei sind. Gerade die neuere Entwicklung des Arbeitsrechts oder des Verbraucherrechts zeigt dies mit großer Deutlichkeit, mag man dies begrüßen oder bedauern. Die Kontrolle solcher Rechtssätze anhand des Gemeinschaftsrechts bedeutet mithin nicht per se einen unzulässigen Eingriff in die Privatautonomie.

Des Weiteren sind Privatrechtsbeziehungen häufig dadurch gekennzeichnet, dass mit der Begünstigung der einen Seite eine Benachteiligung der anderen Seite korrespondiert. Die Entscheidung zugunsten einer Partei ist in solchen Situationen daher stets ambivalent. Demgegenüber geht in öffentlich-rechtlichen Rechtsbeziehungen die Verbesserung der Rechtsstellung des Bürgers allenfalls zulasten des Staates bzw. der Allgemeinheit, sofern es sich nicht um eine Situation handelt, in der der Staat als Schiedsrichter zwischen Privaten bzw. privaten Interessen fungiert. Dies ist etwa dann der Fall, wenn eine Behörde bei der Genehmigung der Nutzung eines Grundstücks zwischen den rechtlich geschützten Interessen

---

[12] Vgl. GA *Mazák*, Schlussanträge v. 15.2.2007 – Rs. C-411/05 *Palacios de la Villa*, (noch nicht in Slg.) Rn.134.

des Eigentümers auf der einen und denen der Nachbarn auf der anderen Seite abzuwägen hat. Auch im Bereich der Grundrechte sind solche Abwägungssituationen oftmals anzutreffen. So bewirkt eine gerichtliche Entscheidung, die den Schutz der Pressefreiheit von Journalisten ausdehnt, dass sich in diesem Maße der Schutz der Privatsphäre der von der journalistischen Tätigkeit betroffenen Personen verringert.

Wegen der strukturellen Nähe und ähnlichen Wirkungsweise von Grundrechten und allgemeinen Rechtsgrundsätzen sind diese Aspekte auch bei der Beurteilung der Frage der Anwendbarkeit von allgemeinen Grundsätzen des Gemeinschaftsrechts in Privatrechtsbeziehungen von Bedeutung.

III. Zur Aktualität des Themas in der neuesten Rechtsprechung des EuGH

1. Das Urteil Mangold

Das Urteil *Mangold* des EuGH hat der Diskussion um die Anwendung allgemeiner Grundsätze des Gemeinschaftsrechts in Privatrechtsbeziehungen eine neue Aktualität gegeben.[13] Es lohnt sich daher, dieses Urteil und seine diesbezüglichen Kernaussagen näher zu betrachten.

a) Sachverhalt und Problematik

Der Sachverhalt ist schnell erzählt: Rechtsanwalt Helm schloss mit Herrn Mangold einen zeitlichen befristeten Arbeitsvertrag. Die Befristung war

---

[13] Dieses Urteil hat zahlreiche, teils äußerst kritische Stellungnahmen erfahren, die aufzulisten hier nicht der Ort ist. Siehe jeweils m.w.N. *Preis,* Verbot der Altersdiskriminierung als Gemeinschaftsgrundrecht. Der Fall „Mangold" und die Folgen, NZA 2006, 401-410; *v. Oettingen/Rabenschlag,* Europäische Richtlinien und allgemeiner Gleichheitssatz im innerstaatlichen Recht, ZEuS 2006, 363-380; *Streinz/Herrmann,* Der Fall Mangold: eine „kopernikanische Wende im Europarecht"?, RdA 2007, 165-169. – Ferner wurde eine Entscheidung des BAG, in der die Grundsätze des Mangold-Urteils herangezogen wurden, ohne dem Arbeitgeber Vertrauensschutz im Hinblick auf die nicht (mehr) anwendbare streitgegenständliche nationale Rechtsvorschrift zu gewähren (BAG v. 26.4.2006, Az: 7 AZR 500/04, NZA 2006, 1162 ff.), mit der Verfassungsbeschwerde angegriffen (BVerfG, Az: 2 BvR 1813/06). Auf die verfassungsrechtliche Problematik wird nachfolgend nicht eingegangen.

ausdrücklich und ausschließlich auf eine Bestimmung gestützt, derzufolge die Befristung eines Arbeitsvertrages, anders als im Normalfall, keines sachlichen Grundes bedarf, wenn der Arbeitnehmer, wie Herr Mangold, bei Beginn des Arbeitsverhältnisses das 52. Lebensjahr vollendet hat (§ 14 Abs. 3 Satz 4 i.V.m. Satz 1 TzBfG)[14]. Kurz nach seiner Einstellung verklagte Herr Mangold seinen Arbeitgeber wegen dieser Befristung vor dem Arbeitsgericht München, das zum Zwecke der Klärung der gemeinschaftsrechtlichen Fragen den EuGH um Vorabentscheidung ersuchte.

Die Vorlagefragen, soweit für unsere Thematik relevant, betrafen zwei Problemkreise. Zum einen die Vereinbarkeit der Befristung des Arbeitsvertrages mit der Richtlinie 2000/78/EG[15] (Vorliegen einer Altersdiskriminierung?) sowie zum anderen die Rechtsfolgen eines eventuellen Verstoßes auf das privatrechtliche Arbeitsverhältnis (muss das vorlegende Gericht das nationale Recht gegebenenfalls insoweit unangewendet lassen?).

b) Argumentation des EuGH

Der EuGH erinnerte zunächst daran, dass die Richtlinie 2000/78/EG u.a. der Bekämpfung der Altersdiskriminierung dient, und stellte alsdann fest, dass § 14 Abs. 3 TzBfG eine unmittelbar auf dem Alter beruhende Ungleichbehandlung begründet, indem diese Vorschrift es ermögliche, mit Arbeitnehmern, die das 52. Lebensjahr vollendet haben, uneingeschränkt befristete Arbeitsverträge zu schließen.[16] Allerdings können die Mitgliedstaaten gemäß Art. 6 Abs. 1 der Richtlinie 2000/78/EG vorsehen, dass „Ungleichbehandlungen wegen des Alters keine Diskriminierung darstellen, sofern sie objektiv und angemessen sind und im Rahmen

---

[14] § 14 TzBfG, i.d.F. des Ersten Gesetzes für moderne Dienstleistungen am Arbeitsmarkt vom 23.12.2002 (BGBl. 2002 I S. 14607, in Kraft getreten am 1.1.2003) lautet: „Die Befristung eines Arbeitsvertrages bedarf keines sachlichen Grundes, wenn der Arbeitnehmer bei Beginn des befristeten Arbeitsverhältnisses das 58. Lebensjahr vollendet hat. Die Befristung ist nicht zulässig, wenn zu einem vorhergehenden unbefristeten Arbeitsvertrag mit demselben Arbeitgeber ein enger sachlicher Zusammenhang besteht. Ein solcher enger sachlicher Zusammenhang ist insbesondere anzunehmen, wenn zwischen den Arbeitsverträgen ein Zeitraum von weniger als sechs Monaten liegt. Bis zum 31. Dezember 2006 ist Satz 1 mit der Maßgabe anzuwenden, dass an die Stelle des 58. Lebensjahres das 52. Lebensjahr tritt".

[15] Richtlinie 2000/78/EG des Rates vom 27.11.2000 zur Festlegung eines allgemeinen Rahmens für die Verwirklichung der Gleichbehandlung in Beschäftigung und Beruf, ABl. 2000 L 303/16.

[16] EuGH v. 22.11.2005 – Rs. C-144/04 *Mangold*, Slg. 2005, I-9981 Rn. 56 f.

des nationalen Rechts durch ein legitimes Ziel, worunter insbesondere rechtmäßige Ziele aus den Bereichen Beschäftigungspolitik, Arbeitsmarkt und berufliche Bildung zu verstehen sind, gerechtfertigt sind und die Mittel zur Erreichung dieses Ziels angemessen und erforderlich sind".[17]

Die Prüfung der festgestellten Ungleichbehandlung anhand jener Kriterien ergab, dass die streitige nationale Vorschrift zwar ein legitimes, im Allgemeininteresse liegendes Ziel verfolgt (berufliche Eingliederung älterer Arbeitnehmer), zur Erreichung dieses Zieles jedoch Mittel einsetzt, die nicht angemessen und erforderlich sind (zu große und zu pauschale Bestimmung des Kreises der betroffenen Arbeitnehmer). Hierzu führte der EuGH näher aus, dass den Mitgliedstaaten ein weiter Ermessensspielraum bei der Wahl der Maßnahmen zur Erreichung ihrer Ziele im Bereich der Arbeits- und Sozialpolitik zukommt, die Anwendung der streitigen Rechtsvorschrift aber darauf hinaus laufe, dass „allen Arbeitnehmern, die das 52. Lebensjahr vollendet haben, unterschiedslos – gleichgültig, ob und wie lange sie vor Abschluss des Arbeitsvertrags arbeitslos waren – bis zum Erreichen des Alters, ab dem sie ihre Rentenansprüche geltend machen können, befristete, unbegrenzt häufig verlängerbare Arbeitsverträge angeboten werden können. Diese große, ausschließlich nach dem Lebensalter definierte Gruppe von Arbeitnehmern läuft damit während eines erheblichen Teils ihres Berufslebens Gefahr, von festen Beschäftigungsverhältnissen ausgeschlossen zu sein, die doch, wie sich aus der Rahmenvereinbarung ergibt, einen wichtigen Aspekt des Arbeitnehmerschutzes darstellen."[18]

Als Ergebnis hielt der EuGH fest, dass die streitige nationale Rechtsvorschrift nicht nach Art. 6 Abs. 1 der Richtlinie 2000/78/EG gerechtfertigt werden kann. An dieser Stelle ergab sich nun das Problem, dass die Umsetzungsfrist für die Richtlinie 2000/78/EG zum Zeitpunkt des Abschlusses des Arbeitsvertrages noch nicht abgelaufen war. Der EuGH überwand dieses Problem mit zwei Argumenten.[19]

Erstens ergäbe sich aus der Rechtsprechung, dass die Mitgliedstaaten während der Frist für die Umsetzung einer Richtlinie keine Vorschriften erlassen dürfen, die geeignet sind, die Erreichung des in dieser Richtlinie vorgeschriebenen Zieles ernstlich in Frage zu stellen. Zwar sei die streitige Regelung eine zeitlich befristete Sonderregelung (Herabsetzung der Altersgrenze um 6 Jahre bis zum 31. Dezember 2006, d.h. kurz nach

---

[17] Unterabsatz 2 dieser Bestimmung enthält nähere Regelungen über die mögliche Ausgestaltung solcher Ungleichbehandlungen.

[18] EuGH v. 22.11.2005 – Rs. C-144/04 *Mangold*, Slg. 2005, I-9981 Rn. 64.

[19] EuGH v. 22.11.2005 – Rs. C-144/04 *Mangold*, Slg. 2005, I-9981 Rn. 67-76.

Ablauf der Umsetzungsfrist), doch habe diese Regelung zur Folge, dass alle diejenigen, die von der Herabsetzung der Altersgrenze erfasst werden und am 31. Dezember 2006 das 58. Lebensjahr bereits vollendet haben, weiterhin unter die Sonderreglung des § 14 Abs. 3 TzBfG fallen. Für diese Personengruppe sei die Gefahr des Ausschlusses von der Garantie eines festen Beschäftigungsverhältnisses in Form eines unbefristeten Arbeitsvertrags bereits definitiv eingetreten. Außerdem sei Deutschland eine dreijährige Verlängerung der ursprünglich bis zum 2. Dezember 2003 laufenden Umsetzungsfrist eingeräumt worden, und zwar mit der Maßgabe, der Kommission jährlich über die Fortschritte bei der Umsetzung der Richtlinie zu berichten.[20] Dies impliziere, dass der Mitgliedstaat, der ausnahmsweise in den Genuss einer längeren Umsetzungsfrist kommt, schrittweise konkrete Maßnahmen ergreift, um seine Regelung dem in der Richtlinie vorgeschriebenen Ergebnis anzunähern.

Zweitens „und vor allem“[21] ergäbe sich der Grundsatz der Gleichbehandlung in Beschäftigung und Beruf nicht erst aus der Richtlinie 2000/78/EG selbst (sie sei nur eine Rahmenrichtlinie). Vielmehr finde das grundsätzliche Verbot der Diskriminierung wegen der Religion oder der Weltanschauung, einer Behinderung, des Alters oder der sexuellen Ausrichtung seinen Ursprung in verschiedenen völkerrechtlichen Verträgen und den gemeinsamen Verfassungstraditionen der Mitgliedstaaten. Das Verbot der Altersdiskriminierung sei somit als ein allgemeiner Grundsatz des Gemeinschaftsrechts anzusehen.

Der EuGH folgerte daraus, dass das Gemeinschaftsrecht und insbesondere Art. 6 Abs. 1 der Richtlinie 2000/78/EG dahin auszulegen sind, dass sie der streitigen nationalen Regelung entgegenstehen. Da diese Vorschrift als Maßnahme zur Umsetzung der Richtlinie 1999/70/EG[22] anzusehen ist und mithin in den Anwendungsbereich des Gemeinschaftsrechts fällt, obliege es dem nationalen Gericht, die volle Wirksamkeit des Verbotes der Altersdiskriminierung zu gewährleisten, indem es jede entgegenstehende Bestimmung des nationalen Rechts unangewendet lässt (*Simmenthal*-Formel[23]), auch wenn die Frist für die Umsetzung der Richtlinie noch nicht abgelaufen ist.

Nach der Vorabentscheidung des EuGH haben die Parteien das Verfahren nicht weiter verfolgt. Vielmehr haben sie dem Arbeitsgericht München

---

[20] Vgl. Art. 18 Abs. 2 Richtlinie 2000/78/EG.

[21] So in der französischen Fassung des Urteils (= Beratungssprache des EuGH).

[22] Richtlinie 1999/70/EG des Rates vom 28.6.1999 zu der EBG-UNICE-CEEP-Rahmenvereinbarung über befristete Arbeitsverträge, ABl. 1999 L 175/43.

[23] EuGH v. 9.3.1978 – Rs. 106/77 *Simmenthal*, Slg. 1978, 629 Rn. 21.

mitgeteilt, dass sie außergerichtliche Gespräche über eine vergleichsweise Einigung führen. Zu einer verfahrensabschließenden Entscheidung ist es nicht gekommen.[24]

2. *Nachfolgeverfahren*

Auch in der Rs. *Palacios de la Villa* ging es um die Richtlinie 2000/78/EG sowie um das Verbot jeglicher Diskriminierung wegen des Alters bei den Beschäftigungs- und Arbeitsbedingungen.[25] Gemäß einer spanischen Gesetzesvorschrift waren tarifvertraglich vereinbarte Klauseln über die Zwangsversetzung in den Ruhestand gültig, die lediglich voraussetzten, dass der Arbeitnehmer die im nationalen Recht auf 65 Jahre festgesetzte Altersgrenze für den Eintritt in den Ruhestand erreicht hat und die übrigen sozialversicherungsrechtlichen Voraussetzungen für den Bezug einer beitragsbezogenen Altersrente erfüllt. Da der EuGH zu dem Ergebnis kam, dass die Richtlinie 2000/78/EG auf diesen Sachverhalt anwendbar ist und es sich (vorbehaltlich einer vom vorlegenden Gericht vorzunehmenden Prüfung) nicht um eine verbotene Altersdiskriminierung handelt, stellte sich die darüber hinaus gehende, allgemeinere Frage nicht mehr, ob dieses Diskriminierungsverbot im konkreten Fall zur Unanwendbarkeit der betreffenden nationalen Vorschrift auf das privatrechtliche Arbeitsverhältnis führt. Immerhin zeigte dieser Fall, dass nach dem *Mangold*-Urteil nun nicht etwa alle Altersgrenzen minutiös auf der Ebene des Gemeinschaftsrechts überprüft werden, sondern dass der nationale Gesetzgeber einen nicht unerheblichen Gestaltungsspielraum besitzt.[26]

In einem derzeit anhängigen weiteren Fall zu diesem Themenkreis fragt das Bundesarbeitsgericht, ob das Primärrecht der EG ein Verbot der Altersdiskriminierung enthält, das bereits aufgrund von Art. 13 EG bzw. der Richtlinie 2000/78/EG anwendbar ist, und zwar auch dann, wenn der Sachverhalt ansonsten keinen gemeinschaftsrechtlichen Bezug aufweist. Ferner geht es darum, ob und ggfs. in welcher Weise das Verbot der Altersdiskriminierung auch im Rahmen der betrieblichen Alters- und Hinterbliebenenversorgung gilt.[27]

---

[24] ArbG München Az: 26 Ca 14314/03.

[25] EuGH v. 15.02.2007 – Rs. C-411/05 *Palacios de la Villa* (noch nicht in Slg.).

[26] Vgl. auch *Bauer/Krieger*, Das Orakel von Luxemburg: Altersgrenzen für Arbeitsverhältnisse zulässig – oder doch nicht?, NJW 2007, 3672, 3675.

[27] Rs. C-427/06 – *Bartsch* (Schlussanträge für Anfang 2008 erwartet).

IV. Zum Vergleich: Andere Mittel und Wege zur Gewährleistung effektiver und integraler Anwendung des Gemeinschaftsrechts

Die Anwendung allgemeiner Grundsätze des Gemeinschaftsrechts nicht nur in öffentlich-rechtlich gestalteten Rechtsverhältnissen, sondern auch in Privatrechtsbeziehungen würde im Hinblick auf die bedeutende Zahl der gemeinschaftsrechtlich beeinflussten Rechtsbeziehungen Privater die Wirksamkeit des Gemeinschaftsrechts erhöhen. Insofern gehört die Frage der Anwendung allgemeiner Grundsätze des Gemeinschaftsrechts in Privatrechtsbeziehungen in den größeren Kontext der Mittel und Methoden zur Sicherung und Verbesserung der Effektivität des Gemeinschaftsrechts. Ein Blick auf vergleichbare Strategien, wie etwa der horizontalen bzw. Privatwirkung von Richtlinien sowie von Grundfreiheiten ist daher nützlich.

1. Stufenweise Effektivierung von EG-Richtlinien

Die europäische Gesetzgebung vollzieht sich in weiten Bereichen durch Richtlinien. Diese Art von Gesetzgebung ermöglicht zwar eine schonende Einpassung des Richtliniengehalts in das Recht der Mitgliedstaaten, führt jedoch bei defizitärer (verspäteter, unvollständiger, fehlerhafter) Richtlinienumsetzung nicht selten zu Schwierigkeiten. Es besteht dann ein starkes Interesse daran, den in der Richtlinie vorgesehenen Regelungsgehalten gleichwohl soweit als möglich Wirksamkeit zu verschaffen.

Dabei lassen sich drei gedankliche Schritte unterscheiden:[28] (1) Da aus der Perspektive des Rechtsanwenders in Verwaltung und Gerichtsbarkeit zuallererst das nationale Recht anzuwenden ist, ist dieses möglichst so auszulegen, dass es der Richtlinie Wirksamkeit verschafft und nicht in Widerspruch zu ihr steht (sog. richtlinienkonforme Auslegung des nationalen Rechts). (2) Sodann, wenn eine richtlinienkonforme Auslegung scheitert, insbesondere weil der Wortlaut der nationalen Regelung eine solche Auslegung nicht zulässt, ist zu fragen, ob anstatt der nationalen Norm die betreffende Richtlinienbestimmung selbst angewandt werden kann (direkte oder unmittelbare Anwendung der Richtlinie). (3) Wenn auch dies ausscheidet, sei es weil die betreffende Richtlinienbestimmung nicht hinreichend klar und bestimmt ist oder weil die unmittelbare Heran-

---

[28] Hierzu und zum Folgenden *Skouris*, Rechtswirkungen von nicht umgesetzten EG-Richtlinien und EU-Rahmenbeschlüssen gegenüber Privaten – neuere Entwicklungen in der Rechtsprechung des EuGH, ZEuS 2005, 463, 466 ff.

ziehung der Richtlinie einen Privaten belasten würde, dann ist schließlich zu erwägen, ob dem von der Richtlinie Begünstigten der Schaden zu ersetzen ist, den er durch die fehlende oder mangelhafte Umsetzung der Richtlinie erlitten hat (Frage der Staatshaftung).

Eine genauere Betrachtung der drei Stufen der Effektivierung von Richtlinien macht deutlich, dass die unmittelbare Anwendung von nicht oder unzureichend umgesetzten Richtlinien in Privatrechtsverhältnissen zwar durchaus möglich ist, eine Grenze aber dort gezogen wird, wo es ansonsten zu einer Belastung Privater kommen würde. Eine unmittelbare Anwendung nicht oder unzureichend umgesetzter Richtlinienbestimmungen zulasten von Privaten (im Verhältnis zwischen zwei Privaten oder im Verhältnis eines Privaten zum Staat) scheidet aus. Dabei ist indes zu beachten, dass der EuGH den Begriff des „Staates" in diesem Zusammenhang weit versteht: Staat meint nicht nur den Mitgliedstaat als solchen, sondern alle öffentlich-rechtlichen, dem Staat zuzuordnenden Einrichtungen, auf welcher Ebene – Bund, Land, Gemeinde – auch immer sie sich befinden.[29] Selbst privatrechtliche Einrichtungen, die aber der öffentlichen Hand zuzurechnen sind, zählen als Staat. Das gilt auch dann, wenn die betreffende öffentlich-rechtliche Einrichtung an der fehlenden oder fehlerhaften Umsetzung gar nicht beteiligt war. Darüber hinaus kann sich ein Einzelner auch dann auf eine nicht oder nicht korrekt umgesetzte Richtlinienbestimmung berufen, wenn dies mittelbar nachteilige Folgen für andere Private hat. Lediglich mittelbare Folgen oder bloße Neben- oder Reflexwirkungen von Richtlinien in Dreiecksverhältnissen stehen einer unmittelbaren Anwendbarkeit oder Wirkung nicht entgegen.[30]

Im Übrigen würde eine weitergehende unmittelbare Anwendung in Rechtsverhältnissen, an denen nur Private beteiligt sind, letztlich lediglich zu einer Verlagerung des mit Staatshaftungsprozessen verbundenen Risikos führen. Denn die Verschiebung der Belastung durch eine nicht oder nur unzureichend umgesetzte Richtlinie verlagert auch den Schaden und damit die Last eines eventuellen Prozesses. Hingegen scheidet in Staat-Bürger-Beziehungen die Anwendung einer nicht oder nur unzureichend umgesetzten Richtlinie zulasten eines Bürgers schon deswegen aus, weil sich der Staat nicht auf sein eigenes Versäumnis gegenüber dem durch dieses Versäumnis belasteten Bürger berufen kann.

---

[29] Vgl. etwa EuGH v. 12.7.1990 – Rs. C-188/89 *Foster*, Slg. 1990, I-3313.

[30] EuGH v. 7.1.2004 – Rs. C-201/02 *Wells*, Slg. 2004, I-723 Rn. 57.

2. Privatwirkung und mitgliedstaatliche Schutzpflichten bei Grundfreiheiten

Von Interesse für die vorliegende Thematik ist auch die Frage, inwieweit Grundfreiheiten in Privatrechtsverhältnissen zur Anwendung kommen können. Gemäß der Rechtsprechung des EuGH gelten die Art. 39, 43 und 49 EG nicht nur für behördliche Massnahmen, sondern erstrecken sich auch auf Vorschriften anderer Art, welche die abhängige Erwerbstätigkeit, die selbständige Arbeit und die Erbringung von Dienstleistungen kollektiv regeln sollen. Begründet wird dies damit, dass die Beseitigung der Hindernisse für die Ausübung der Grundfreiheiten gefährdet wäre, wenn die Abschaffung der Schranken staatlichen Ursprungs durch Hindernisse ersetzt werden könnte, die nicht dem öffentlichen Recht unterliegende Vereinigungen und Einrichtungen im Rahmen ihrer rechtlichen Autonomie setzen könnten. Ferner seien die Arbeitsbedingungen in den Mitgliedstaaten teilweise gesetzesförmig und teilweise privatautonom geregelt, so dass eine Beschränkung des Verbots der Diskriminierung aufgrund der Staatsangehörigkeit auf öffentlich-rechtliche Maßnahmen zu Ungleichheiten bei seiner Anwendung führen könnte.[31]

Freilich gelten damit die Grundfreiheiten nicht gegenüber Privaten allgemein, sondern in bestimmten Konstellationen, wie insbesondere gegenüber privatrechtlich organisierten Rechtsträgern, die Kollektivregelungen treffen und dadurch eine erhebliche Macht ausüben können. Dies kann bei Sportverbänden der Fall sein (*Bosman, Deliège*) oder auch bei Gewerkschaften bzw. Gewerkschaftsverbänden (*ITF & FSU, Laval*[32]). Im Falle der Arbeitnehmerfreizügigkeit hat der EuGH ergänzend ausgeführt, dass sich das Diskriminierungsverbot des Art. 39 EG aufgrund seiner allgemeinen Formulierung nicht speziell an die Mitgliedstaaten richtet, und hat für Art. 39 EG eine Privatwirkung angenommen, die auch Arbeitgeber erfasst.[33]

---

[31] St. Rspr., vgl. EuGH v. 11.12.2007 – Rs. C-438/05 *ITF & FSU,* (noch nicht in Slg.) Rn. 33 f. (unter Hinweis auf EuGH v. 12.12.1974 – Rs. 36/74 *Walrave und Koch,* Slg. 1974, 1405 Rn. 17; EuGH v. 14.7.1976 – Rs. 13/76 *Donà,* Slg. 1976, 1333 Rn. 17; EuGH v. 15.12.1995 – Rs. C-415/93 *Bosman,* Slg. 1995, I-4921 Rn. 82; EuGH v. 11.4.2000 – verb. Rs. C-51/96 und C-191/97 *Deliège,* Slg. 2000, I-2549 Rn. 47; EuGH v. 6.6.2000 – Rs. C-281/98 *Angonese,* Slg. 2000, I-4139 Rn. 31; EuGH v. 19.2.2002 – Rs. C-309/99 *Wouters u.a.,* Slg. 2002, I-1577 Rn. 120).

[32] EuGH v. 18.12.2007 – Rs. C-341/05 *Laval un Partneri* (noch nicht in Slg.).

[33] EuGH v. 6.6.2000 – Rs. C-281/98 *Angonese,* Slg. 2000, I-4139 Rn. 30 ff.

Eine gewisse Wirkung der Grundfreiheiten in Privatrechtsverhältnissen ergibt sich schließlich daraus, dass Art. 28 EG den Mitgliedstaaten nicht nur eigene Handlungen oder Verhaltensweisen verbietet, die zu einem Handelshemmnis führen könnten, sondern sie in Verbindung mit Art. 5 EG auch dazu verpflichtet, alle erforderlichen und geeigneten Maßnahmen zu ergreifen, um in ihrem Gebiet die Beachtung der Grundfreiheiten sicherzustellen.[34] Ein Privater, der durch Boykott- oder Gewaltmaßnahmen den freien Verkehr von Waren aus anderen Mitgliedstaaten behindert und so die Rechte anderer Privater beeinträchtigt, muss daher damit rechnen, dass gegen ihn seitens des betroffenen Mitgliedstaates vorgegangen wird. Bleibt der Mitgliedstaat untätig, obwohl ein Einschreiten möglich und zumutbar war, wird ihm die Beeinträchtigung der Grundfreiheit selbst zugerechnet und stellt eine von ihm zu verantwortende Verletzung des EG-Vertrages dar. Da die Gewährleistung der Grundfreiheiten zu den Aufgaben der Mitgliedstaaten gehört, ist der von der Verletzung der Warenverkehrsfreiheit betroffene Private nicht darauf angewiesen, selbst gegen den Verletzer vorzugehen.[35]

V. Folgerungen

1. Zur Reichweite der Anwendung allgemeiner Grundsätze des Gemeinschaftsrechts in Privatrechtsbeziehungen

Aus den vorstehenden Ausführungen ergibt sich, dass die Anwendung allgemeiner Grundsätze des Gemeinschaftsrechts in Privatrechtsbeziehungen einen wesentlichen Teilaspekt der Anwendung des Gemeinschaftsrechts darstellt. Die Aufgaben und Ziele der EG/EU lassen sich nicht unter Ausklammerung privatrechtlich geregelter Bereiche erfüllen. Das Streben nach einer immer engeren Union der Völker Europas sowie das Erfordernis effektiver Geltung des Gemeinschafts- und Unionsrechts in allen zur Kompetenz der EG/EU gehörenden Materien würden einer derartigen Bereichsausnahme schon vom Ansatz her entgegenstehen. Hinzu kommt, dass die begriffliche Abgrenzung von Privatrecht und Öffentlichem Recht in den Rechtsord-

---

[34] So für den freien Warenverkehr EuGH v. 9.12.1997 – Rs. C-265/95 *Kommission ./. Frankreich*, Slg. 1997, I-6959 Rn. 30 ff.

[35] Umfassend zur Thematik *Stachel*, Schutzpflichten der Mitgliedstaaten für die Grundfreiheiten des EG-Vertrags unter besonderer Berücksichtigung des Grundrechtsschutzes in der Gemeinschaft (2006).

nungen der Mitgliedstaaten nicht einheitlich vorgenommen wird, so dass ein starres Anknüpfen an solche Abgrenzungen die einheitliche Geltung des Gemeinschaftsrechts gefährden würde und daher nicht zielführend ist.

Ebenso wenig kann es einen grundsätzlichen Unterschied machen, ob in Privatrechtsbeziehungen Vorschriften des EG-Vertrages und darauf gestütztes Recht oder allgemeine Rechtsgrundsätze zur Anwendung kommen. Wie oben ausgeführt, gehören letztere in gleicher Weise wie das primäre und sekundäre Gemeinschaftsrecht zum Prüfungsprogramm des EuGH. Eine Differenzierung anhand dieses Kriteriums bei der Anwendung des Gemeinschaftsrechts erscheint daher nicht sinnvoll.

Gleichwohl weisen Privatrechtsbeziehungen Besonderheiten auf, die auch bei der Bestimmung des auf sie anwendbaren Rechts berücksichtigt werden müssen. Rechtssätze, die Situationen regeln sollen, die durch eine strukturelle Ungleichheit der Beteiligten gekennzeichnet sind, erscheinen für Privatrechtsbeziehungen, deren Charakteristikum in der grundsätzlichen Gleichrangigkeit der Beteiligten liegt, wenig passend. Indes hat die traditionelle Dichotomie von Privat- und Öffentlichem Recht in den letzten Jahrzehnten viel von ihrer Schärfe verloren und der Erkenntnis Raum bereitet, dass auch Privatrechtsbeziehungen von struktureller Ungleichheit geprägt sein können, wie etwa im Falle von starken intermediären Kräften (Arbeitgebern, Wohnungsgesellschaften, Sportverbänden etc.). Umgekehrt muss sich nicht jede rechtsförmige Betätigung der öffentlichen Hand im Öffentlichen Recht vollziehen, wie die Entwicklung des Verwaltungsprivatrechts gezeigt hat. Allgemeine Rechtsgrundsätze des Gemeinschaftsrechts, die sich spezifisch auf öffentlich-rechtliche Einrichtungen bzw. den Staat beziehen, können daher nicht oder nur unter besonderen Umständen in Privatrechtsbeziehungen zur Anwendung kommen.

So ist das Verhältnismäßigkeitsprinzip mit seiner Forderung, Eingriffe in die Rechtssphäre anderer auf das für die Erreichung des mit der betreffenden Maßnahme verfolgten Zieles Notwendige zu beschränken, eine für das Staat-Bürger-Verhältnis typische und passende Kategorie. Die Reduzierung der Wahlfreiheit des Staates bei der Auswahl der von ihm getätigten Maßnahmen auf das unbedingt Nötige kontrastiert indes mit der das Privatrecht prägenden Privatautonomie, die den Privaten gerade keine derartigen Beschränkungen auferlegt.[36] Auch die den Privaten zukommenden Grundrechte weisen auf eine grundsätzliche Wahlfreiheit Privater bei ihren Handlungen hin, allerdings begrenzt durch die Rechte anderer sowie durch das Verbot des Rechtsmissbrauchs.

---

[36] Vgl. *Neuner*, Diskriminierungsschutz durch Privatrecht, JZ 2003, 57, 59.

Dementsprechend ist das Verhältnismäßigkeitsprinzip als allgemeiner Grundsatz des Gemeinschaftsrechts zwar in erster Linie auf öffentlich-rechtliche Rechtsverhältnisse zugeschnitten, doch muss seine Anwendung dort nicht halt machen. Im Falle von Privatrechtssubjekten, denen aufgrund der gesellschaftlichen Gegebenheiten bzw. aufgrund der ihnen vom Staat eingeräumten rechtlichen Stellung eine faktische Machtposition gegenüber anderen Privaten zukommt, die es ihnen erlaubt, ihre Interessen mehr oder weniger einseitig durchzusetzen, kann ihr Handeln gegebenenfalls an diesem Prinzip gemessen werden. Auf dieser Linie liegt es, dass der EuGH jüngst in einem Fall, in dem es um einen Streit zwischen Gewerkschaften und Gewerkschaftsverbänden einerseits und einem Schiffsreeder andererseits über das Umflaggen eines seiner Schiffe ging, das gewerkschaftliche Handeln als Eingriff in die Niederlassungsfreiheit des Schiffsreeders angesehen und am Maßstab des Verhältnismäßigkeitsprinzips gemessen hat.[37] Es war mithin zu prüfen, ob die von der Gewerkschaft betriebene kollektive Maßnahme geeignet ist, die Erreichung des verfolgten Ziels zu gewährleisten, und nicht über das hinausgeht, was zur Erreichung dieses Ziels erforderlich ist.[38]

Da der Begriff der allgemeinen Grundsätze des Gemeinschaftsrechts gewissermaßen ein Gefäß ist, das ganz unterschiedliche Rechtsgrundsätze enthält, lassen sich Aussagen, die für alle diese Grundsätze gleichermaßen gelten, nur schwer machen und es ist jeweils auf den Bedeutungsgehalt des in Frage kommenden allgemeinen Grundsatzes abzustellen. Das bedeutet zugleich, dass im Folgenden nur beispielhaft vorgegangen werden kann und in diesem Sinne die Gemeinschaftsgrundrechte, die im Hinblick auf den oben behandelten Fall *Mangold* besonders interessieren, betrachtet werden sollen.

Für Grundrechte ist seit langem anerkannt, dass sie unter gewissen Bedingungen auch in Privatrechtsverhältnissen zur Anwendung kommen können. Was insoweit die Gemeinschaftsgrundrechte angeht, so bieten die Rechtsprechung des EGMR sowie die Verfassungstraditionen der Mitgliedstaaten Anhaltspunkte, an denen sich die gemeinschaftsrechtliche Dogmatik orientieren kann.[39] Angesichts der strukturellen Verwandtschaft

---

[37] EuGH v. 11.12.2007 – Rs. C-438/05 *ITF & FSU*, (noch nicht in Slg.) Rn. 67 ff.

[38] Ebenda, Rn. 84.

[39] Zur EMRK siehe *Spielmann*, L'effet potentiel de la Convention européenne des droits de l'homme entre personnes privées (1995); *Besson*, Comment humaniser le droit privé sans commodifier les droits de l'homme, in: F. Werro (Hrsg.), La Convention européenne des droits de l'homme et le droit privé (2006), S. 1 ff., 8 ff. Zu den Grundfreiheiten bspw. *Lohse*, Fundamental Freedoms and

von Grundrechten und Grundfreiheiten kann ferner die Rechtsprechung des EuGH zur Horizontal- oder Drittwirkung von Grundfreiheiten im Rahmen der Grundrechte herangezogen werden. Die Erwägungen, die der EuGH in den Urteilen *Bosman*[40] und *Angonese*[41] angestellt hat, können daher auch für vergleichbare grundrechtsbezogene Fallgestaltungen nutzbar gemacht werden.[42]

Im Fall *Mangold* wurde die Situation dadurch verkompliziert, dass in diesem Urteil das Verbot der Altersdiskriminierung nicht nur als Gemeinschaftsgrundrecht und damit als allgemeiner Grundsatz des Gemeinschaftsrechts anerkannt wurde, sondern zugleich in einer Weise Anwendung fand, dass einige Kommentatoren meinten, es würde eine Richtlinie, deren Umsetzungsfrist für den betreffenden Mitgliedstaat noch nicht abgelaufen war, zulasten eines Privaten ins Spiel gebracht. Indes ließ sich das Urteil zu dieser Frage nicht aus und die nachfolgende Rechtsprechung des EuGH bestätigte aufs Neue die langjährige, wenn auch nicht unumstrittene Aussage, dass eine unmittelbare Anwendung von EG-Richtlinien zulasten von Privaten nicht in Frage kommt[43].

Die Anwendung von Grundrechten, und das gilt in besonderer Weise bei der Anwendung von Grundrechten, für die noch keine oder nur wenig Rechtsprechung vorliegt, sieht sich häufig mit der Schwierigkeit konfrontiert, Kriterien zu finden, anhand derer die betreffende Maßnahme zu überprüfen ist. Offen und allgemein formulierte Grundrechte sind vom Textbefund her oftmals sehr kriterienarm, so dass die für die Grundrechtsprüfung erforderlichen Kriterien aus Stellung und Bedeutung des Grundrechts selbst oder aus sonstigen Rechtsvorschriften entwickelt werden müssen.

Dies traf auch auf das im Urteil *Mangold* erstmals angewandte Grundrecht des Verbots der Altersdiskriminierung zu. Hinzu kam, dass wegen des Fehlens eines geschriebenen Grundrechtskataloges im Gemeinschaftsrecht keine primärrechtliche Grundrechtsformulierung zur Verfügung stand, welcher der EuGH Kriterien für die Anwendung dieses Grundrechts hätte entnehmen können. Auch die Verfassungstraditionen der Mitgliedstaaten

---

Private Actors – towards an ‚Indirect Horizontal Effect', European Public Law 13 (2007), 159-190.

[40] EuGH v. 15.12.1995 – Rs. C-415/93 *Bosman*, Slg. 1995, I-4921 Rn. 82 ff. unter Verweis auf EuGH v. 12.12.1974 – Rs. 36/74 *Walrave und Koch*, Slg. 1974, 1405 Rn. 17 ff.

[41] EuGH v. 6.6.2000 – Rs. C-281/98 *Angonese*, Slg. 2000, I-4139 Rn. 30 ff.

[42] Vgl. *Kraus* (Fn. 6), Rn. 102.

[43] EuGH v. 5.10.2004 – verb. Rs. C-397/01 bis C-403/01 *Pfeiffer u.a.*, Slg. 2004, I-8835 Rn. 108. Siehe auch oben IV.1.

boten kaum Anhaltspunkte.[44] Allerdings gab es mit der Richtlinie 2000/78/EG eine sekundärrechtliche Rechtsgrundlage, die zur Regelung eben dieses Sachbereiches erlassen worden war und die eine Reihe von Kriterien für die Frage des Vorliegens und für die Rechtfertigung von Diskriminierungen aufgrund des Alters enthält. Da diese sekundärrechtlichen Kriterien der primärrechtlichen Grundrechtsgewährleistung nicht widersprechen dürfen, müssen sie sich aus dem Grundrecht ableiten lassen und erhalten ihren Geltungsgrund letztlich von dort. Das bedeutet sodann, dass eine nationale Regelung, die bei Anwendung der in der Richtlinie 2000/78/EG enthaltenen Kriterien als eine unzulässige Ungleichbehandlung aufgrund des Alters anzusehen ist, zugleich das entsprechende Grundrecht verletzt (dies wäre nur dann anders, wenn die Richtlinie das Grundrecht unrichtig ausgestalten würde, wofür in concreto aber nichts spricht). So gesehen, stellt sich die Bezugnahme auf die Richtlinie 2000/78/EG im Urteil *Mangold* nicht als eine vorweggenommene Anwendung der Richtlinie dar, sondern lässt sich als Anwendung von Kriterien verstehen, mit denen die Richtlinie das Grundrecht konkretisiert (und dessen Kriterienarmut kompensiert), die sich aber bereits aus dem Grundrecht selbst ergeben. Allfällige Aspekte des Ablaufes oder Nicht-Ablaufes der Umsetzungsfrist der Richtlinie sind infolgedessen ohne weiteren Belang, wenn man davon absieht, dass das Inkrafttreten der Richtlinie und ihre Umsetzung in vielen Mitgliedstaaten die Legitimität der in ihr enthaltenen Kriterien nicht unerheblich verstärkt.

Sowohl bei der Heranziehung von Grundrechten in Privatrechtsbeziehungen als auch bei der Anwendung anderer allgemeiner Grundsätze des Gemeinschaftsrechts in Privatrechtsbeziehungen geht es im Übrigen häufig nicht so sehr um die Überprüfung des Verhaltens von Privaten, sondern um die Kontrolle von Rechtssätzen, die in Beziehungen zwischen Privaten gelten, d.h. um die Frage, ob und inwieweit ein bestimmter Rechtssatz in einer Privatrechtsbeziehung angewendet werden kann. Diese Rechtssätze sind staatlicher Natur und Ausdruck staatlichen Bestrebens, das Verhältnis privater Rechtsträger untereinander zu regeln, mag es sich dabei um vertragliche (bspw. *Mangold*) oder um sonstige (bspw. *ITF & FSU*) Rechtsverhältnisse handeln. Wie die übrigen staatlichen Rechtssätze müssen auch diese Rechtssätze den Vorgaben des Gemeinschaftsrechts genügen und dessen Vorrang respektieren. Die Anwendung allgemeiner Grundsätze des Gemeinschaftsrechts auch in Privatrechtsbeziehungen erweist sich

44 Vgl. *Riesenhuber*, Case Note „Mangold", ERCL 2007, 62, 67 f., der darauf hinweist, dass die nationalen Rechtsordnungen bereits für die Herleitung des Grundrechts allenfalls eine sehr dünne Grundlage boten.

damit als ein geeignetes und sachgemäßes Mittel zur Verbesserung der Effektivität des Gemeinschaftsrechts in diesem für das Integrationsziel besonders wichtigen Bereich.

2. Die besondere Rolle des Diskriminierungsverbotes im Gemeinschaftsrecht

Gerade auf dem Hintergrund des *Mangold*-Urteils, das einen Teilaspekt des Diskriminierungsverbotes zum Gegenstand hatte, ist auf die besondere Rolle des Diskriminierungsverbotes im Gemeinschaftsrecht hinzuweisen. Das Diskriminierungsverbot gehört zu den zentralen und fundamentalen Grundsätzen des Gemeinschaftsrechts. Historisch gesehen ist das Verbot der Diskriminierung aufgrund von Staatsangehörigkeit sein erster und wichtigster Teilaspekt. Das Ziel der europäischen Integration bestand und besteht zuvörderst darin, Ungleichbehandlungen, die an das Merkmal der Staatsangehörigkeit anknüpfen, so weit als möglich abzuschaffen, da für ein derartiges Kriterium in einer Staatenverbindung, die sich auf dem Weg zu einer immer engeren Union der Völker Europas befindet, kein Raum sein sollte.[45]

Die weitere Entwicklung der Integration hat alsdann andere Teilaspekte des Diskriminierungsverbotes herausgearbeitet, darunter insbesondere den Grundsatz des gleichen Entgelts für Männer und Frauen bei gleicher Arbeit (Art. 141 EG), der als Grundrecht anerkannt ist und zu dem es eine reiche Rechtsprechung gibt[46]. Art. 141 EG ist unmittelbar anwendbar und verleiht ein subjektives Recht, auf das sich der Einzelne vor Behörden und Gerichten berufen kann. Darüber hinaus ist diese Vorschrift auch in Privatrechtsverhältnissen anwendbar, d.h. ihr Gewährleistungsgehalt umfasst auch Regelungen des Kollektiv- und des Individualarbeitsrechts.[47]

Auch die jüngste Zeit hat ihren Teil zu dieser Entwicklung beigetragen und zusätzliche Aspekte des Diskriminierungsverbotes thematisiert, so

---

[45] Vgl. die Präambel zum EGV: „In dem festen Willen, die Grundlagen für einen immer engeren Zusammenschluss der europäischen Völker zu schaffen, [...]".

[46] Nachw. etwa bei *Odendahl*, in: Heselhaus/Nowak (Hrsg.), Handbuch EU-Grundrechte, § 44.

[47] Vgl. bspw. EuGH v. 8.4.1976 – Rs. 43/75 *Defrenne II*, Slg. 1976, 455 Rn. 39; EuGH v. 7.2.1991 – Rs. C-184/89 *Nimz*, Slg. 1991, I-297 Rn. 11.

etwa Diskriminierungen aufgrund der sexuellen Orientierung (*Grant*[48], *Maruko*[49]) oder eben aufgrund des Alters (*Mangold*, *Palacios de la Villa*).

Das Diskriminierungsverbot gilt nicht nur für direkte, sondern auch für indirekte Diskriminierungen, d.h. Ungleichbehandlungen, die formalrechtlich an einem scheinbar neutralen Merkmal anknüpfen, aber faktisch ebenfalls zu einer Ungleichbehandlung aufgrund eines der genannten Merkmale führen. Ein schönes Beispiel, das zudem eine privatrechtliche Beziehung betraf, ist die Rs. *Angonese*, in der es um den Nachweis bestimmter Sprachkenntnisse ging, den eine Südtiroler Bank verlangte und für den sie ausschließlich eine Bescheinigung anerkannte, die nur in der betreffenden Region ausgestellt wurde. Der EuGH sah in diesem Erfordernis eine mittelbare Diskriminierung aufgrund von Staatsangehörigkeit, die gegen die Arbeitnehmerfreizügigkeit verstößt und die der Arbeitssuchende auch im Verhältnis zur Bank geltend machen kann. Unter Hinweis u.a. darauf, dass Art. 39 EG eine spezifische Anwendung des in Art. 12 EG verankerten allgemeinen Diskriminierungsverbots darstellt und eine nichtdiskriminierende Behandlung auf dem Arbeitsmarkt sichern soll, kam der EuGH zu dem Ergebnis, dass das in Art. 39 EG ausgesprochene Verbot der Diskriminierung aufgrund der Staatsangehörigkeit auch für Privatpersonen gilt.[50]

Hieraus wird deutlich, dass dem Diskriminierungsverbot, insbesondere in seiner auf die Staatsangehörigkeit bezogenen Ausprägung, im Gemeinschaftsrecht ein gleichsam archetypischer Charakter zukommt. Dies macht verständlich, warum ein besonderes Interesse an der Anwendung dieses Grundrechts besteht und dieses gemeinschaftsrechtliche Anwendungsinteresse sich auch auf Privatrechtsbeziehungen erstreckt.

---

[48] EuGH v. 17.2.1998 – Rs. C-249/96 *Grant*, Slg. 1998, I-621. Siehe auch EuGH v. 31.5.2001 – verb. Rs. C-122/99 P und C-125/99 P *D. und Schweden ./. Rat*, Slg. 2001, I-4319; EuGH v. 7.1.2004 – Rs. C-117/01 *K.B.*, Slg. 2004, I-541.

[49] EuGH v. 1.4.2008 – Rs. C-267/06 *Maruko* (Schlussanträge vom 6.9.2007).

[50] EuGH v. 6.6.2000 – Rs. C-281/98 *Angonese*, Slg. 2000, I-4139 Rn. 30-36.